Norway
La Norvège

Hamlyn London New York Sydney Toronto

Norway
La Norvège

Per Bang

Photographs supplied by
KNUDSENS FOTOSENTER, OSLO, NORWAY
and by Toni Schneiders; Noel Habgood;
J. Brownlie; Nils-Arnold Svaleng; Universitets
Oldsaksamling, Oslo; Skyport Fotos; Keystone
Press; Bavaria Verlag (Almasy); Norsk
Telegrambyra; Sturlason; Royal Norwegian
Embassy; Knut Aune Kunstforlag A/S; Kristiansen &
Woien.

Published by
THE HAMLYN PUBLISHING GROUP LIMITED
London · New York · Sydney · Toronto
Hamlyn House, Feltham, Middlesex, England
in association with
JOHAN GRUNDT TANUM FORLAG, OSLO
© Copyright The Hamlyn Publishing Group
Limited 1971

ISBN 0 600 36524 7

Printed in Italy by Arnoldo Mondadori Editore,
Verona

Anna Olson
From Anna Langsen
Wm. Thranesgt. 51
Oslo 1
Norway
February 1978

Contents

Introduction 10
History 20
Industry 26
Sport 34
People and Language 46
Politics 54
Shipping 62
Women in Norway 68
Church Life 74
Literature 82
Art 90
Around the Coast 106
Fisheries 126
Appendix 137

Table des Matières

L'Introduction 10
L'Histoire 20
L'Industrie 26
Le Sport 34
Le Peuple et La Langue 46
La Politique 54
La Navigation 62
Les Femmes en Norvège 68
La Religion 74
La Littérature 82
Les Beaux Arts 90
Les Régions Côtières 106
L'Industrie de la Pêche 126
L'Appendice 137

Introduction
L'Introduction

Two of the best-known features of Norway. *Right,* the Pulpit Rock, near Stavanger, rising 2,000 feet sheer above the Lysefjord. *Above,* the midnight sun at Nordkapp, the most northerly point, where the sun never sets between the middle of May and the end of July.

Deux images caractéristiques de la Norvège. *A droite,* le Roc de la Chaire, près de Stavanger, qui se dresse à 2000 pieds au-dessus du Lyselfjord. *Ci-dessus,* le soleil de minuit à Nordkapp, l'extrémité septentrionale où le soleil ne se couche jamais depuis la mi-mai jusqu'à la fin juillet.

Previous page, a child's world in the snow and ice. Norwegians learn to be mobile on skis at a very early age. *Inset,* two small boys survey the Black Glacier, close to the Arctic Circle.

Page précédente, l'enfant dans son univers de neige et de glace. Le Norvégien apprend très tôt à se deplacer sur des skis. *En médaillon,* deux petits garçons contemplent le Glacier Noir, à proximité du Cercle Arctique.

IF you put the pointed end of a compass at Lindesnes, and the other end at Nordkapp, and turn Norway round with Lindesnes as the centre, then you will find that the circle will go through Moscow, include most of Rumania, dent St Peter's cupola in Rome, brush the Pyrenees, and cover most of Iceland. The British Isles are well inside this circle. If you use Nordkapp as the centre, then Lindesnes will glide along the inland ice on the East coast of Greenland, and touch the point in North Siberia where Yenisei runs out into the Kara Sea.

This long, narrow country–four miles at the narrowest point, but with a coastline stretching half-way round the Equator if we straighten it out– is still about the same size as the British Isles, while the population is only half of Greater London. No wonder, then, that it is impossible to comprise Norwegian nature, Norwegian way of thinking and feeling, Norwegian tradition and Norwegian history in a single word or one single image. What can they have in common, the fisherman on an isolated Arctic island enclosed by the long winter darkness, and the farmer on a large thriving farm in the mild Vestfold? Where are the points of contact between the miner at Røros, and the seaman from Stavanger, who has seen all the ports in the world, between the Lapp guarding a flock of reindeer against wolves on the plain of Finnmark, and the grocer in his well-stocked general store on the South coast?

In Norway we meet contrasts wherever we turn, between peoples and landscapes, between counties and dialects–yes, even between the seasons: the plain of Finnmark can, in the height of summer, be one of the hottest places in Europe with sun twenty-four hours a day and swarms of mosquitoes as thick as clouds. The middle of the winter is dominated by a bitter coldness lasting for months, so severe that one would expect all plant and animal life to be killed. On the west coast there are fjords where, in the spring, the flowering apple trees stand out against a background of ice-green glaciers, and where tourists in the summer can go skiing in the morning, and swim in the fjord in the afternoon. Over the islets on the south coast, where the July sun sends down its warmth over enchanting idyllic scenes, the autumn storms burst into a boiling cauldron of foam and thundering waves, and in the small fjords, where canoes and yachts and swimmers create their own gay summery atmosphere, the ice-breaker groans heavily through the thick blue ice in February.

It is not a country to become acquainted with easily, because a visit to one part gives only a fraction of the whole picture. It is exciting to travel in–for visitors and also for the people of the country. Norwegians have always travelled extensively in Norway, and our topographical and literary history is full

SI l'on pose une pointe d'un compas à Lindesnes et l'autre à Nordkapp et que l'on tourne la carte de la Norvège avec Lindesnes au centre, le cercle ainsi décrit passe par Moscou, entoure la majeure partie de la Roumanie, ébrèche la coupole de Saint-Pierre à Rome, frôle les Pyrénées et englobe presque toute l'Islande. Ce cercle renferme également les Iles Britanniques. Si l'on emploie Nordkapp comme centre, alors Lindesnes glissera le long de la glace de l'intérieur de la côte est du Groenland et touchera l'endroit de la Sibérie du Nord où le Yenisei se jette dans la mer de Kara. Ce long pays étroit–6·4 km. à l'endroit le plus étroit, mais dont la longueur de la côte s'étend sur la moitié de l'équateur si nous le mettons en ligne droite–n'a quand même que la superficie des Iles Britanniques, et sa population n'atteint que la moitié de celle du Grand Londres. Rien d'étonnant donc, qu'il soit impossible de décrire en un seul mot, ou en une seule image, la nature norvégienne, la façon norvégienne de penser ou de sentir, l'histoire et les traditions norvégiennes.

Que peuvent-ils avoir de commun, le pêcheur d'une île isolée de l'Arctique enveloppée par les ténèbres d'un long hiver et le fermier dans sa grande ferme prospère du doux Vestfold? Où sont les affinités entre le mineur de Røros et le marin de Stavanger, ce marin qui a vu tous les ports du monde; entre le Lapon qui protège un troupeau de rennes contre les loups dans la plaine de Finnmark, et l'épicier de la côte sud dans sa boutique bien achalandée?

En Norvège, on se heurte partout à des contrastes: entre les hommes et les paysages, entre les comtés et les dialectes voire même entre les saisons; en plein coeur de l'été la plaine de Finnmark peut devenir l'un des endroits les plus chauds d'Europe, ensoleillé 24 heures sur 24, et assailli par des nuées de moustiques. L'hiver il y règne un froid si intense que l'on pourrait s'attendre à voir disparaître toute trace de flore et de faune.

Sur la côte ouest se trouvent des fjords où au printemps les pommiers en fleurs se détachent d'un paysage de glaciers aux reflets verts, et où en été les touristes peuvent skier le matin et nager dans le fjord l'après-midi. Sur les îlots de la côte sud où le soleil de juillet baigne de sa chaleur de ravissants paysages idylliques, les orages de l'automne se déchaînent en un chaudron d'écume bouillonnante et de vagues mugissantes; dans les petits fjords où canoes, yachts et nageurs créent une joyeuse atmosphere d'été, le brise-glace au mois de février casse avec de lourds grognements l'épaisse glace bleue.

La Norvège n'est pas un pays que l'on apprend à connaître facilement et une visite partielle ne peut pas en donner une idée d'ensemble; cela contribue à l'attrait qu'exerce le pays autant pour le visiteur

The green of summer surrounds
this magnificent *Stabbur* (a
storehouse or granary, constructed on stilts to keep out the
mice), and the miniature reproduction of it built as a dove-
cot.

Paysage d'été: magnifique
Stabbur (entrepôt ou grenier
construit sur pilotis pour
empêcher les souris d'y
pénétrer) et un colombier, fidèle
reproduction en miniature.

of their travelogues. Our prose and poetry too–
regional writing plays a great part in the Norwegian
world of books, and there are probably few other
countries where authors' names are so intimately and
closely tied to places as in Norway–we can only
think of Johan Bojer and the Lofot fishermen,
Gabriel Scott and the South coast, Johan Falkberget
and Røros, Olav Duun and Namdalen. We find the
same close ties in pictorial art, where concepts like the
school of Lillehammer, the artists of Telemark and
the Lysaker group tell us what certain landscapes have
meant for whole communities of artists.

Life in an austere and weather-beaten country
makes people with stones and waterfalls in their
souls. When we are rude to each other, we call it
Norwegian individualism and independence. Polite-
ness is a virtue which is talked about, and recom-
mended, as far back as 1200 in *The King's Mirror,* but
it is not always obvious in Norwegian daily life.

étranger que pour le Norvégien. En effet, notre
histoire regorge des récits de voyages des Norvégiens dans leur pays. Les écrits régionnaux jouen
également un rôle de premier ordre dans la prose et l
poésie de notre pays, et il y a probablement très peu
de pays où les noms des écrivains sont si étroitemen
liés aux localités qu'en Norvège : citons Johan Boje
et les Pêcheurs de Lofoten, Gabriel Scott et la côte du
sud, Johan Falkberget et Røros, Olav Duun e
Namdalen. Nous trouvons les mêmes liens intime
dans la peinture, où les concepts tels que l'Ecole d
Lillehammer, les peintres du groupe Telemark e
Lysaker nous révèlent ce que certains paysages on
représenté pour certains groupes d'artistes.

La vie dans un pays austère et battu par la tempêt
crée des gens aux âmes endurcies à toutes épreuves
Lorsque nous sommes grossiers l'un envers l'autr
nous appelons cela l'individualisme et l'indépendanc
norvégiens. La politesse est une vertu dont on parle e

This tiny red house at Sognefjell is encircled by the forbidding and snowy pinnacles of the Jotunheim mountains.

Cette maisonnette rouge est entourée des pics enneigés et rébarbatifs des montagnes du Jotunheim.

Sometimes we make it a virtue not to have it, and call it plain speaking and natural behaviour. Norwegian debate is related to the landscape: violent and inconsiderate. It is also related to the sagas of the gods, where Valhalla is the mecca for the bravest warriors after an honourable death. There they could fight all day long, and awaken to another bout next morning. Norwegian cultural life has never quite abandoned this tradition – but then we have only been Christians for nine hundred years, and old customs die slowly in Norway.

A Norwegian author, Sigurd Hoel, has said that we have two great national peculiarities. One is quick-wittedness, the other is slow thinking. We find this dualism in many places, in the Ash Lad and the Troll, in the royal brothers Oystein and Sigurd, where one sat at home and protected the country against invaders, and gave it law and order, while the other battled in the Holy Land and hobnobbed with

que l'on préconisait déjà dans *Le Miroir du Roi* vers l'an 1200, mais elle n'est pas toujours très évidente dans la vie quotidienne norvégienne. Parfois même, nous nous faisons un point d'honneur d'adopter l'attitude contraire en la qualifiant de franc-parler et de comportement naturel. Alors la discussion norvégienne va avec le paysage: violente et sans considération. Aussi, est-elle apparentée aux Sagas des Dieux où Valhalla représente la Mecque des guerriers les plus courageux après une mort honorable. Là ils pouvaient se battre toute la journée et, le lendemain matin, se réveiller prêts pour une autre lutte. La vie culturelle norvégienne n'a jamais tout à fait abandonné cette tradition; mais après tout, nous ne sommes chrétiens que depuis neuf cents ans et les vieilles croyances s'estompent lentement en Norvège. L'auteur Sigurd Hoel a distingué chez nous deux grands traits nationaux: d'une part, un esprit vif, d'autre part, une pensée lente. Ce dualisme

the Emperor in Constantinople; in Ibsen's *Brand* and *Peer Gynt*.

A Norwegian, living in England, seeing his country at a distance and with absence making the heart grow fonder, finds it easy to be strongly subjective when he thinks of Norway. He can easily turn from exaggerated admiration to unwarranted irritation. As soberly and objectively as I can, I will put it like this: we have a nature with rare dramatic impact; we have a history rich in excitement, proving a healthy love of freedom; and as a people we are no better and no worse than any other, and I do not think we are more dull. Let this be said with a becoming modesty, which is not a typically Norwegian trait.

se retrouve dans la littérature en Askeladden et le Troll, chez les frères royaux Oystein et Sigurd, dont l'un resta chez lui pour protéger le pays contre les envahisseurs, établir l'ordre public pendant que son frère se battait en Terre Sainte où il était à tu et à toi avec l'Empereur de Constantinople; également dans *Brand* et *Peer Gynt* d'Ibsen.

Un Norvégien résidant en Angleterre et voyant son pays de loin avec le sentiment de 'loin des yeux, près du coeur', devient facilement très subjectif quand il songe à la Norvège. Il peut osciller entre un sentiment d'admiration exagérée et un agacement peu justifié. De la façon la plus sobre et la plus objective possible, je dirai ceci: nous sommes doués d'un tempérament qui aboutit facilement au dramatique: notre histoire est riche en émotions, en passions et en sensations fortes, témoignant d'un grand amour de la liberté; et en tant que nation nous ne sommes ni mieux ni pire qu'aucune autre, et je ne crois pas que nous soyons plus lourds ou plus ennuyeux. Que ceci soit dit avec modestie, ce qui n'est pas typiquement norvégien.

Contrasting methods of transport. *Opposite page*, an Oslo tram in front of the National Theatre. *This page*, express train services can connect Norway with the European continent, via the handsome main station in Oslo, *left*. The more local traveller is not neglected, however; a man waits, *above left*, for the giant of steam to collect him on a regional line near Arendal. *Above*, the horse and cart is a more leisurely, and perhaps more comfortable, way of travelling over the remoter unsurfaced mountain roads.

Contraste des méthodes de transport. *En face*, un tramway devant le Théatre National à Oslo. *Ici*, des trains express relient la Norvège au continent européen depuis l'élégante gare principale d'Oslo, *à gauche*. Le voyageur local n'est pas négligé pour autant; un monsieur attend, *ci-dessus à gauche*, le vapeur géant qui viendra le cueuillir sur le réseau régional, près d'Arendal. *Ci-dessus*, le cheval et la voiture, plus lents mais peut-être plus confortables permettent toujours au voyageur d'affronter les routes sans revêtement des coins de montagnes les plus reculés.

Water, so integral a part of the Norwegian scenery. The wake of a steamer leaves a herringbone pattern far below on the surface of the Geirangerfjord; a similar glassy calm mirrors the mountains and fields that surround Lake Granvin; reindeer gather at a drinking place; the many lakes of the Valdres district make it a rich, lush area.

L'eau, partie intégrante du paysage norvégien. Le sillage en forme de brin de fougère d'un navire à vapeur à la surface du Geirangerfjord; les montagnes et les champs qui entourent le lac Granvin se mirent dans ses eaux calmes; rassemblement de rennes à un point d'eau; le district de Valdres, region luxuriante et riche grâce à ses nombreux lacs.

History
L'Histoire

NORWAY is one of the oldest kingdoms in Europe, with a political history which goes back more than a thousand years. The oldest historical documents make it clear that the people themselves, and the outside world, considered Norway as a separate unit, even if Norway was divided into several smaller independent kingdoms. About the year 900 all these were united under Harald Hårfagre, who was the first to call himself King of Norway with full justification.

The political unification of the country took place in the Viking era, a fact which gives rise to mixed feelings considering the reputation the Vikings acquired in other countries. But it was also a period of expansion in more peaceful fields. More and more of the country was settled and cultivated, law and order was introduced in most districts, and Norwegians, travelling the world, exported and imported goods, services, and ideas of permanent value. Norwegian warriors served in the Emperor's Life Guard in Constantinople, Norwegian settlers founded colonies in the heart of Russia, Norwegians settled on islands

LA Norvège est un des plus anciens royaumes d'Europe, avec un passé politique qui remonte à mille ans. Les plus vieux documents historiques démontrent très clairement que les indigènes comme le monde extérieur considéraient la Norvège comme un état unique même si elle était divisée en plusieurs royaumes indépendants. Vers l'an neuf cent, toutes ces provinces se réunirent sous Harald Harfagre, et Harald fut le premier à se nommer Roi de Norvège avec entière justification.

L'unité politique du pays remonte à l'époque des Vikings, fait surprenant et souvent controversé devant la réputation que les Vikings s'étaient acquise dans d'autres pays. Mais ce fut également une période d'expansion dans des domaines plus paisibles. De plus en plus le pays s'établissait et se cultivait, la magistrature et l'ordre étaient introduits dans la plupart des districts et les Norvégiens voyageant à l'étranger, exportaient et importaient des marchandises et des idées d'une valeur permanente. Des guerriers norvégiens servirent dans le Corps des gardes de l'Empereur de Constantinople; des pionniers norvégiens

Right, a sculptured head from the Oseberg find. The Oseberg Ship was unearthed in 1904, and reassembled piece by piece. It is at least 1100 years old. *Far right,* attractively decorated *Stabburs* in Telemark, dating from the late 18th century.

A droite, tête sculptée du navire Oseberg, vieux d'au moins 1100 ans; déterré en 1904, il a été reconstitué pièce par pièce. *Extrême-droite,* Telemark: *Stabburs* joliment décorés datant de la fin du 18e siècle.

Previous page, Akershus Castle by night. Built as a fortress in the 13th century, destroyed by lightning in the 16th century, and rebuilt as a royal palace in the 17th century, it is still used for formal State occasions.

Page précédente, le château d'Akershus la nuit. Forteresse érigée au 13e siècle, détruite par la foudre au 16e siècle puis reconstruite en résidence royale au cours du 17e siècle; le palais est encore utilisé pour certaines cérémonies d'Etat.

in the North Atlantic, and went ashore in America hundreds of years before Columbus. The Isle of Man was a Norwegian kingdom for a long time, a Norwegian king ruled in Dublin, and a disobedient Norwegian, who fled to the north of France, became the ancestor of William the Conqueror. In England the first Norwegian kings were baptized, and the first priests, bishops and church builders came to Norway from England. There has always been a two way traffic across the North Sea, both in goods and people.

In spite of civil wars and border wars, medieval Norway enjoyed growth and prosperity, and had a rich spiritual and cultural life. Decline came with the Black Death in the fourteenth century, an epidemic which had disastrous consequences in a land so sparsely populated. The old dynasty died out and the leading families in the country went under. Through royal inter-marriage Norway slipped into a union, first a short one with Sweden, and then, for 400 years, with Denmark. Throughout that time a stubborn battle was fought to preserve Norwegian identity and

fondèrent des colonies au coeur de la Russie, certains s'établirent dans des îles de l'Atlantique Nord et débarquèrent en Amérique plusieurs centaines d'années avant Christophe Colomb; l'île de Man fut pendant très longtemps une possession norvégienne; un roi norvégien régnait à Dublin, et un Norvégien rebelle, réfugié au nord de la France, devint l'ancêtre de Guillaume le Conquérant. C'est en Angleterre que les premiers rois norvégiens furent baptisés et c'est de là que les premiers prêtres, évêques, et bâtisseurs d'églises partirent en direction de la Norvège. Il y a toujours eu une circulation semblable à travers la mer du Nord, aussi bien en marchandises qu'en hommes.

Malgré les guerres civiles et frontalières, la Norvège médiévale a joui d'une prospérité et a connu une vie culturelle et spirituelle d'une grand richesse. Le déclin survint avec la Peste au quatorzième siècle, épidémie aux conséquences désastreuses pour un pays si peu peuplé; l'ancienne dynastie disparut et des familles gouvernantes s'éteignirent. A cause d'inter-mariages royaux, la Norvège contracta des unions,

independence. The capital and the academic seat was Copenhagen, but Norwegians living and studying there never lost their sense of nationality, and the Norwegian Society in Copenhagen became a centre for the preservation of Norwegian heritage.

After the defeat of Napoleon in 1814, the Dano-Norwegian king was forced to cede Norway to Sweden, but the Norwegian people refused to accept this decision, and declared the country independent. A national assembly meeting at Eidsvoll on 17 May 1814 gave the country a free democratic constitution, based on the principles of the American and French Revolutions, on John Locke's doctrine of the sovereignty of the people, and on Montesquieu's theory of the division of powers. The balance of power in Scandinavia and in Europe at the time, however, made it impossible for Norway to retain full independence, and she was compelled to accept a union with Sweden on the principle of complete equality between the two peoples under one king, and with the retention of the Norwegian constitution.

The union did not function satisfactorily. The foreign policy was under Swedish domination, the king resided in Stockholm, and was more Swedish than Norwegian, and the Norwegians reacted strongly against not being able to appoint their own consuls abroad. A Norwegian demand on this issue led to an act concerning the appointment of Norwegian consuls being passed unanimously by the Norwegian Storting in May 1905. The king refused to give his assent, the Norwegian Government resigned, and the Storting declared, on 7 June 1905, that the king had ceased to function as King of Norway, and that the union with Sweden was therefore dissolved.

This was a revolutionary act carried out on parliamentary lines, and with full support of the united Norwegian people. For a while relations between the two countries were very strained, and there was talk of war, but common sense prevailed, and with 368,208 votes to 184 the break with Sweden was approved by a plebiscite. After a new plebiscite the Norwegian Crown was offered to the thirty-three-year old Danish prince, Charles who on 25 November 1905, sailed into a jubilant capital in a heavy blizzard with his queen, Maud – daughter of the English Edward VII – and their two-year-old son, Prince Alexander. The King took the name Haakon VII, and the Crown Prince became Olav, the present King Olav V.

When members of the English Royal Family were invited to the coronation of King Haakon in the cathedral at Trondheim, they accepted with mixed feelings. The King was 'elected' as if he had been a mere president, and this was highly unusual for the traditional monarchists. As far as the relationship

une premiere de courte durée avec la Suède, puis, pendant quatre cents ans, avec le Danemark. Pendant tout ce temps, une bataille serrée fut menée pour préserver l'indépendance et l'identité norvégiennes. La capitale ainsi que le siège académique se trouvaient à Copenhague, mais les Norvégiens qui y vivaient et qui y étudiaient ne perdirent jamais le sens de leur nationalité, et la société norvégienne de Copenhague devint le centre de préservation de l'héritage norvégien.

Après la défaite de Napoléon en 1814, le roi dano-norvégien fut forcé de céder la Norvège à la Suède, mais le peuple norvégien refusa d'accepter cette décision et déclara son indépendance. Une réunion de l'Assemblée Nationale à Eidsvoll le 17 mai 1814 donna au pays une constitution libre et démocratique basée sur les principes des révolutions américaine et française, c'est à dire, la doctrine de John Locke sur la Souveraineté du Peuple, et la théorie de Montesquieu sur la Division des Puissances. Cependant, à cette époque, la balance des puissances en Scandinavie et en Europe empêcha la Norvège de garder son entière indépendance, et elle fut contrainte d'accepter une union avec la Suède sur le principe de l'égalité complète entre les deux peuples avec un seul roi et aussi avec la rétention de la constitution norvégienne.

Cependant l'union ne fonctionna pas d'une façon satisfaisante. La politique étrangère était sous la domination suédoise, le roi résidait à Stockholm, il était plus suédois que norvégien et les Norvégiens protestèrent avec véhémence de ne pas pouvoir nommer leurs propres consuls à l'étranger. La nation norvégienne demanda qu'un acte concernant cette nomination soit passé au Storting et cette requête obtint l'unanimité en 1905. Le roi refusa de donner son consentement, le gouvernement norvégien démissionna et le 7 juin 1905, le Storting déclara que le roi était démis de ses fonctions en tant que roi de Norvège; l'union avec la Suède était ainsi dissoute. Ce fut un acte révolutionnaire mené par le Parlement, avec l'appui total du peuple norvégien. Pendant quelque temps les relations entre les deux pays furent assez tendues; il fut même question de guerre, mais le bon sens prévalut et, avec 368,208 votes contre 184 la rupture avec la Suède fut approuvée par plébiscite. Un nouveau plébiscite offrit la couronne norvégienne au prince danois, Charles, âgé de trente-trois ans, qui, le 25 novembre 1905, débarqua dans une capitale en délire où sévissait une forte tempête. La reine Maud, fille du roi anglais Edward VII et leur fils de deux ans, le prince Alexander l'accompagnaient. Le roi changea son nom et devint Haakon VII et le prince héritier fut appelé Olav, le roi actuel.

Lorsque les membres de la famille royale anglaise furent invités au couronnement du roi Haakon dans la Cathédrale de Trondheim, ils acceptèrent avec des

Oslo's Bygdøy Museum houses both these craft, the Oseberg Ship of which the marvellously shaped prow is visible *below*, and the Gokstad Ship, *left*, an ocean-going vessel of a type that probably carried Leif Eiriksson to America in AD 1000.

Le musée Bygdøy à Oslo où l'on peut admirer le navire Oseberg dont on aperçoit la proue si merveilleusement sculptée, *ci-dessous*, et le navire au long cours Gokstad, *à gauche*. C'est sur un vaisseau semblable que Leif Eiriksson aurait atteint la terre américaine en l'an 1000 a.d.

between King and people in Norway was concerned, it was nevertheless both natural and correct, and became the basis for a complete identification between subjects and ruler. The political development since 1905 – and especially during the war years – has shown that this approach was right. The King has been the country's first servant in absolute loyalty to the nation, and he has been above party politics.

sentiments assez partagés. Le roi avait été élu comme un simple président, chose tout à fait extraordinaire pour les monarchistes traditionnels. Malgré tout, les relations entre le roi et le peuple norvégien furent naturelles et correctes et elles devinrent la base d'une identification complète et intime entre les sujets et les souverains. Depuis 1905, le développement politique, spécialement pendant les années de guerre, a démontré que le système est bon. Le roi a été le premier serviteur de son pays, d'une loyauté absolue envers la nation et se plaçant au-dessus de tous les partis politiques.

Industry
L' Industrie

FOUR trails criss-cross Norwegian history and the Norwegian landscape: the furrow of the plough, the track of skis, the wake of merchant ships and the transmission lines from the waterfalls to the cities and the centres of industry. Each of them tells a dramatic story about hard work and courage, about restlessness and creative powers in the battle against a harsh nature.

Norway is not blessed with natural wealth. Only 2.5 per cent of the land can be cultivated. Forests cover about a fourth of the country, and almost three-quarters consists of mountains and stones. While it has been a constant source of inspiration to artists, and while it brings stimulus to the tourist trade, it also means that life in Norway can only be lived if one works hard. With these limited resources, a small population of 3.8 million people have managed to create a standard of living which is among the highest in the world.

The history of Norway's industry is closely associated with the forests, mountains, rivers and the sea. Exploitation of lumber and ore was the first sign of industrial activity in Norway. Later, with the industrial revolution, and the great scientific discoveries, factories were erected, extracting nitrogen

QUATRE pistes sillonnent l'histoire et le paysage de la Norvège: le sillon de la charrue, la trace des skis, le sillage des bateaux de marchandises et les lignes à haute tension transportant la force des cascades vers les villes et les centres industriels. Chacune d'entre elles rappelle le drame du dur labeur et du courage, et évoque la puissance créatrice et inquiète d'un peuple en butte à une nature rebelle. Les richesses naturelles de la Norvège sont peu nombreuses et seule 2.5 pour-cent de la terre est cultivable. La forêt occupe le quart du pays et tout le reste est recouvert de montagnes et de rochers. Tout en étant une source d'inspiration artistique inépuisable et un attrait touristique considérable, cela implique par contre, pour celui qui vit en Norvège, la nécessité d'un travail sans relâche. Malgré ses ressources limitées, cette petite population de 3.8 millions d'habitants est parvenue à créer un niveau de vie qui est l'un des plus élevés du monde. L'histoire de l'industrie norvégienne s'associe de très près aux forêts, aux montagnes, aux fleuves et à la mer. L'activité industrielle commença par l'exploitation du bois en grume et du minerai. Plus tard, à l'époque de la révolution industrielle et des grandes découvertes scientifiques, des usines furent érigées

from the air and distilling magnesium from sea water.

Industrialization started modestly with the sawmills that began operating during the sixteenth century, and incidentally one of their first opportunities to expand involved large exports to England after the Great Fire of London in 1666. Today forestry is an industry representing one-fifth of total Norwegian exports. Norwegian paper and pulp mills are not as large as the American or Canadian mills, but Norway is nevertheless one of the biggest exporters in this field in the world, in spite of the fact that lumber has to be imported to meet industrial demand. A wide range of products, such as man-made fibres, spun rayon, denatured alcohol and numerous other chemical products, are made from lumber.

In mining, iron ore and pyrites play an important part, and the rivers and waterfalls are harnessed to power stations, producing electricity in a quantity impressive even by international standards. The electro-chemical and electro-metallurgical plants absorb nearly half the hydro-electrical power produced in the country. Magnesium, nickel and fertilizers have won markets all over the world, and when expansion of the aluminium industry is completed,

pour l'extraction de l'azote, la distillation du magnésium et de l'eau de mer.

L'industrialisation commença modestement par l'établissement de scieries au seizième siècle, et l'exportation de quantités importantes de matériaux en Angleterre après le grand incendie de Londres en 1666 leur offrit une première occasion de progresser. Aujourd'hui la sylviculture est une industrie qui représente un cinquième de toutes les exportations norvégiennes. La papeterie norvégienne est moins importante que celle des Etats-Unis ou que celle du Canada, mais néanmoins, dans ce domaine, la Norvège reste l'un des plus grands exportateurs du monde, malgré le fait qu'il lui faut importer le bois en grume pour satisfaire à la demande industrielle.

Une gamme assortie de fibres synthétiques, la rayonne, l'alcool dénaturé et beaucoup d'autres produits chimiques dérivent du bois en grume. Dans l'industrie minière, le minerai de fer et la pyrite jouent un rôle important, et des centrales électriques produisant l'électricité en quantités impressionnantes même au point de vue du niveau international ont été aménagées aux rivières et aux cascades. Des installations électro-chimiques et électro-métallurgiques absorbent presque la moitié de la puissance hydro-

About a quarter of the land is covered with forest, mostly spruce and pine, which are especially well-suited to the production of pulp, paper and cellulose, among other things. Before the timber reaches the industrial centres, it has to be floated down the rivers on a journey which can be both dramatic and dangerous for the workmen.

La forêt occupe environ le quart de la surface du pays; forêts d'épicéas et de pins surtout, elles s'avèrent une excellente source de production de pulpe, papier et cellulose. Pour atteindre les centres commerciaux le bois doit descendre les rivières; périple dramatique et souvent dangereux pour les draveurs.

Previous page, embryo of a ship. Norway has always been one of the great seafaring nations of the world.

Page précédente, embryon d'un navire. La Norvège s'est toujours distinguée comme une nation de marins.

Above, vessels of the whaling
fleet, no longer used, moored
together in the harbour at
Sandefjord. Below, A/S Norsk
Jernverk, the state-operated iron
and steel works at Mo i Rana.
Industries such as this have seen
an enormous expansion since
the end of the last war. Opposite,
hydro-electric power plants
account for 99·7 per cent of
Norway's supply of electricity.
Some waterfalls which are
famous as tourist attractions will
be preserved and some others
are too expensive to harness for
the power plants. A large number
of rivers, though, have been
regulated by a series of reser-
voirs to secure an even supply of
water to the generators. This is
Hundefossen in Telemark.

Ci-dessus, baleiniers qui ne sont
plus utilisés, amarés au port de
Sandefjord. Ci-dessous, A/s
Norsk Jernverk, les usines
d'Etât de fer et d'acier à Mo i
Rana. De telles industries ont
pris un essor considérable depuis
la dernière guerre. En face,
Hundefossen dans le Telemark:
les générateurs hydro-électriques
fournissent 99·7% de l'électricité à la Norvège. On a conservé
intactes certaines chutes d'eau
soit pour leur attrait touristique
ou simplement parce que leur
coût d'aménagement s'avère
trop élevé. Par contre, la plupart
des rivières ont vu leur courant
réglé par une série de réservoirs
qui assurent un apport d'eau
constant aux générateurs.

Norway will be one of the world's greatest exporters of crude metals.

Apart from Iceland, there is probably no country in the world so dependent upon its fisheries as Norway. About 80–90 per cent of catches are exported, and in coastal districts canneries, fish-meal factories and freezing plants are the main industries. The rapid expansion of these industries is partly due to the sales of convenience foods which have increased enormously in recent years.

Norwegian shipping can easily be seen as a continuation of the expansionist Viking Age spirit, and there can be no other field of activity where personal initiative and personal inventiveness and talent have played such a decisive role. The Norwegian Merchant Fleet is among the largest in the world, and the predominant part of it is employed in trade between foreign countries. In tankers and on cruises, with bulk carriers and car ferries, Norwegian shipowners and seamen have led the way, and in whaling Norwegians were the pioneers. The Norwegian shipbuilding industry cannot satisfy more than a fraction of Norway's own demand for tonnage, but it is nevertheless the fifth largest in the world. Most of the expansion has taken place since the last war.

The manufacturing industries are mainly located in coastal areas with easy access to sea transportation during all seasons of the year. The heaviest concentrations are around Oslo, Bergen and Stavanger, but one

électrique produite dans le pays. Le magnésium et le nickel ainsi que les fertilisants sont connus mondialement, et lorsque l'expansion de l'industrie de l'aluminium sera terminée, la Norvège deviendra l'un des plus grands exportateurs mondiaux de métaux bruts.

A part l'Islande, il n'y a certainement aucun autre pays dans le monde qui dépende autant de l'industrie de la pêche que la Norvège. A peu près 89 à 90 pourcent des prises sont exportées, et les conserveries des districts côtiers, les usines de farine de poisson ainsi que l'industrie de la congélation constituent les principales occupations. L'expansion rapide de ces industries est en partie due à la vente de nourriture marchande qui a augmenté de façon considérable.

La marine norvégienne peut aisément être considerée comme un prolongement de l'esprit expansionniste de l'ère des Vikings. Il n'existe certainement pas un autre champ d'activité où l'initiative personelle, l'esprit créateur et le talent individuel aient joué un rôle plus décisif. La marine marchande de la Norvège figure parmi les plus importantes du monde et sert avant tout au commerce avec les pays étrangers. Avec leurs pétroliers, leurs bateaux de croisières, leurs transporteurs et leurs ferries, les armateurs et les marins norvégiens ont toujours été à l'avant-garde et on les considère comme les pionniers de la pêche à la baleine. Au point de vue tonnage, l'industrie navale norvégienne ne peut satisfaire que partiellement aux besoins du pays, mais elle n'en demeure pas moins la

will also find a series of small industrial communities along the West Coast and in Northern Norway. The big aluminium plants are situated in Høyanger, Husnes, Årdal and Sunndal, and the state iron works – Norsk Jernverk – are in Mo i Rana.

The industrial revolution in Norway was never so dramatic as in Great Britain. Through a stubborn and tiring evolution, the country has fought its way to its present position as a modern industrial community. The growth of industry in Norway can be measured by the employment statistics, showing how more and more people find work in industry while the figures for farming, fishing and forestry go down. In 1966, 27 per cent of the working population was employed in industry, (34.7 per cent if housing and construction are included), as opposed to 18.3 per cent in farming and fishing. A hundred years ago this group comprised 65 per cent. Norway enjoys an international reputation for good labour relations. Rates of pay and working conditions are in most cases

cinquième flotte du monde; la dernière guerre a considérablement favorisé son développement.

Les fabriques industrielles sont situées principalement dans les régions côtières avec accès facile au transport maritime pendant toutes les saisons de l'année. Les plus grandes concentrations se trouvent aux environs d'Oslo, Bergen et Stavanger mais on rencontre également un bon nombre de petites localités industrielles tout le long de la côte ouest et dans le nord de la Norvège. Les grandes usines d'aluminium sont situées à Høyanger, Husnes, Ardal et Sunndal, et les usines nationalisées de minerai de fer 'Norsk Jernverk' se trouvent à Mo-i-Rana.

En Norvège, la révolution industrielle n'a jamais été aussi dramatique qu'en Grande-Bretagne. C'est à force d'une évolution pénible et constante que le pays a obtenu sa position actuelle – celle d'une nation moderne et industrielle. En effet, les statistiques du travail témoignent d'une baisse considérable de main-d'oeuvre disponible pour l'exploitation agricole, la

ettled by binding periodical agreements. Except for the Swedes, Norwegian workers are the best paid in Europe. The social services are well-organized, and the entire population is included in a pension scheme.

In recent years, industry has placed great emphasis on the further processing and production of more technologically advanced products. The furniture, textile and electronic industries have found export markets all over the world. This development has taken place under stiffened competition within the EFTA and the EEC.

Norway is a country of small-holders. About 90 per cent of all farms have less than 10 hectares of arable land each, and only 43 farms in the whole country have 100 hectares or more. In addition to the arable land, certain regions provide large mountain pastures, and the majority of farmers own forests. Thus farming is often combined with lumbering, fur production, handicrafts etc., and with fishing in the coastal areas.

La Norvège est un pays de petits propriétaires. 90% des fermes occupent moins de 10 hectares de terre arable chacune et le pays ne compte que 43 fermes de 100 hectares ou plus. Certaines régions montagneuses offrent d'immenses pâturages et la majorité des fermiers possèdent des forêts. Ainsi, à l'agriculture s'associent souvent l'exploitation forestière, la pelleterie, l'artisanat etc., et la pêche dans les régions côtières.

pêche et la sylviculture au profit de l'industrie. En 1966, 27 pour-cent de la population ouvrière était employée dans l'industrie (34·7 pour-cent si l'on inclus la construction et le bâtiment) alors que 18·3 pour-cent s'occupait d'agriculture et de pêche. Il y a cent ans, ce dernier groupe utilisait 65 pour-cent de la main-d'oeuvre. La Norvège jouit de très bonnes relations syndicales. Les salaires et les conditions de travail sont établis par des contrats renouvelables périodiquement. A part les Suédois, les travailleurs norvégiens sont les mieux payés d'Europe. Les services sociaux sont très bien organisés, et la population entière a droit à une pension de retraite.

Depuis quelques années, l'industrie a insisté davantage sur le développement et la production de produits technologiquement supérieurs. Les industries mobilières, textiles et électroniques ont trouvé des débouchés dans le monde entier et ce développement a eu lieu malgré une compétition très intense au sein d'organisations comme la CEE et AELE.

Sport
Le Sport

IT is typical of Norway's nature and way of life that Norwegians have distinguished themselves most in those fields of sport where the accent is on the individual rather than on the team, and also in those branches which are most intimately connected with their environment. Skiing is a typical example in that it can be highly competitive as well as being a popular pastime for everybody. We claim that we practically discovered skiing in Norway, and we have at any rate named two special manoeuvres, the Kristiania swing and the Telemark swing. Perhaps we can also see something characteristic in the relationship between top results in ski sports and those values which we–correctly or not–presume are typically Norwegian: the hard slogging of the fifty-kilometer run is not alien to a people who have built a home and made a living in this hard climate, and the burst of energy needed for the ski jump and the slalom is only another side of the concentration of power necessary for the fisherman, seaman and lumberjack.

Sport was practised in Norway from the time of the sagas, but the first attempt to organize it took place at the beginning of the last century, when a number of rifle clubs were founded around the country. A few years later the gymnastic movement started, first only locally, but united since 1861 in a central association. Norway's present Confederation of Sports includes all organized sport in the country, and is an amalgamation of two associations, the National Sports Association and the Workers' Sports Association. Nearly ten per cent of the population belong to a sports club.

Compared with most countries, Norway has a short summer; summer sports usually start in April and last until September, but during these months Norwegians are able to enjoy a variety of activities. On land, athletics and cross-country running are popular, and the Norwegians also have their own 'Orientering', which is a cross-country 'compass-run', practised mostly in the autumn and requiring qualities which we like to consider typical of our people: perseverance, quick thinking and appreciation of nature. Tennis has in the course of time become increasingly popular, and is tending to spread to all classes of the population, while badminton and handball, comparative newcomers, are rapidly making headway. Norwegian football has done well in the international arena, and the team won the bronze medal at the Berlin Olympic Games in 1936. Norway has taken part in the Olympic Games since 1900, and with honour especially in target shooting, rowing, sailing and wrestling.

In the water, sailing and rowing are naturally sports close to a seafaring nation's heart. Norwegian yachtsmen have always done well internationally,

IL est remarquable de constater jusqu'à quel point l[a] nature et le mode de vie ont influencé l'activit[é] sportive en Norvège; en effet, les Norvégien[s] excellent dans la plupart des sports où s'affirme leu[r] individualisme plutôt que dans les sports d'équipe, e[t] également dans toutes les activités qui sont le plu[s] intimement liées à la nature. Le ski en est un exempl[e] typique; sport fortement compétitif autant qu[e] passe-temps populaire, le ski a pratiquement ét[é] inventé par les Norvégiens qui ont mis au point deu[x] des techniques les plus connues: le Kristiania et l[e] Telemark. Le genre de ski qu'ils pratiquent n'es[t] certainement pas étranger aux valeurs que l'on con[si]dère, à tort ou à raison, comme typiquement nor[vé]végiennes; ainsi, la pénible course de fond de cin[q]uante kilomètres n'a-t-elle pas tout en commu[n] avec la vie quotidienne dans un climat aussi rude, et l[a] quantité d'énergie qu'exigent le saut à ski et le slalo[m] ne reflètent-elles pas la puissance nécessaire au trava[il] du pêcheur, du marin et du bûcheron?

En Norvège, la pratique des sports remonte [à] l'époque des Sagas, mais la première tentativ[e] d'organisation se situe au début du siècle dernier alor[s] que plusieurs associations de tir furent formées [à] travers le pays. Quelques années plus tard, la gymnas[tique] tique fit son apparition, d'abord seulement localemen[t] puis unifiée et centralisée à partir de 1861. La Con[]fédération Sportive Norvégienne actuelle comport[e] tous les sports organisés du pays et elle réunit deu[x] associations: L'Association du Sport National e[t] L'Association Sportive des Travailleurs. A peu prè[s] dix pour-cent de la population fait partie d'un clu[b] sportif.

La saison estivale est relativement courte en Nor[]vège et les sports d'été se pratiquent d'avril à sep[]tembre; les Norvégiens peuvent alors profiter d'un[e] variété d'activités. Sur terrain, l'athlétisme et le cros[s] sont populaires et les Norvégiens ont aussi leu[r] propre 'Orientering' qui est un genre de cros[s] d'orientation, se pratiquant surtout en automne et qu[i] exige des qualités caractéristiques à notre peuple[:] persévérance, rapidité d'esprit et amour de la natur[e] Le tennis est devenu de plus en plus populaire, et [sa] tendance à s'étendre à toutes les classes de la société[.] Même le badminton et le hand-ball qui sont relative[]ment nouveaux, évoluent rapidement dans le mêm[e] sens. Le football norvégien ne s'est pas mal comport[é] sur le plan international, et l'équipe a gagné un[e] médaille de bronze aux Jeux Olympiques de Berlin e[n] 1936. La Norvège a pris part aux Jeux Olympique[s] depuis 1900 en excellant tout particulièrement au tir[,] à l'aviron, à la voile, en navigation et à la lutte. La voil[e] et l'aviron sont des sports nationaux chers au coeu[r] d'une nation maritime. Les yachteurs norvégiens s[e] sont toujours très bien distingués dans les courses inter[]nationales et bien sûr, aux Olympiques. La plupart de

This page and previous page, Norway's national sport, and the famous Holmenkoll ski-jump, where 100,000 spectators gather in March to watch the leading skiers from the winter sports nations compete. Norway has an outstanding record in international winter sports competitions.

Sur cette page et la page précédente, le sport national de la Norvège et la célèbre compétition de saut à skis d'Holmenkoll qui réunit chaque année en mars, les meilleurs skieurs devant plus de 100.000 spectateurs. La Norvège détient un record enviable dans les compétitions internationales de sports d'hiver.

Of the summer sports, sailing is
probably the most popular, and
in this, too, the 'natural' sailors of
Norway have excelled in competition. The geography of the
country means of course that
almost everyone can participate.

La voile est sans doute le sport
d'été le plus populaire et
l'excellence des marins 'naturels
que sont les Norvégiens, se
manifeste une fois de plus dans
les compétitions. De toute
évidence, la géographie du pays
offre une occasion irrésistible
pour chacun de s'y adonner.

not least in the Olympics. Most of the larger towns have their own rowing clubs, and in international regattas Norwegian crews have competed with distinction. The yearly competition in lifeboat rowing in New York was instigated by Norwegian initiative. Kayak paddling has become very popular in recent years, and many young people go on kayak trips in their summer holidays. The swimming season is longer than one would imagine for a country lying so far north. This is partly due to the Gulf Stream which makes Norway's coast so much milder than other coastal areas in the same latitude, and partly to the rocks and islands protecting the shore. Swimming and life-saving are taught in nearly all schools.

The winter season in Norway is as long as the summer season is short, and is the basis for the nation's favourite sports, skiing and ice-skating. The winter is no time for sitting indoors and waiting for milder weather; if the days are short, this is why they should be utilized better. The Winter Olympic Games results show how strongly the winter sports stand in Norway: during the years 1924 to 1968, Norwegians won 44 gold medals, 40 silver medals and 36 bronze medals. When the world skiing championships were arranged in Oslo in 1966, Norwegian participants took five gold medals. From 1924–1968, Norway won fifty-six world championships in skiing. The climax in the skiing season is 'Holmenkollrennet', with its large contingent of skiers from all over the world. The competition comprises races over 15 and 50 kilometres, slalom, downhill and jumping. The 'Holmenkoll Days' are held at the beginning of March, and can draw up to a hundred thousand spectators to the big events.

Next to skiing, skating is most popular during the winter. Up to 1968 Norway had won thirty world championships in skating, and ten in figure skating. In recent years, competition has become keener, mainly from the Russians and the Dutch, but this has only had a stimulating affect on Norwegian skating. In figure-skating, Sonja Henie (1912–1969) with her ten world championships and her three Olympic gold medals, has been the country's most brilliant representative.

Other popular winter sports are ice-hockey, bandy and tobogganning, and of course a number of indoor sports, such as gymnastics, boxing, wrestling, weight-lifting, fencing, table tennis and basket ball. During recent years, sports work among the physically handicapped has grown. In 1966 an action was taken to collect money to build the world's first sports centre for handicapped people. It was erected in the mountains, and in four days an amount corresponding to more than £400,000 came in – an excellent example of how Norwegians consider sports.

grandes villes ont leur propre club d'aviron et aux régates internationales, les équipes norvégiennes ont toujours couru avec distinction. A New York, la compétition annuelle des bateaux de sauvetage a été organisée sur l'initiative norvégienne. Depuis quelques années, les voyages en kayak se révèlent une forme d'activité de plus en plus recherchée des jeunes pour leurs vacances d'été. La saison de natation est plus longue que l'on pourrait imaginer pour un pays qui est situé si au nord, grâce au Courant du Golfe qui adoucit considérablement le climat de la côte et aux îles et rochers qui protègent le littoral. La natation et le sauvetage sont enseignés dans presque toutes les écoles.

En Norvège la saison d'hiver est aussi longue que la saison d'été est courte et ceci facilite les sports favoris de la nation: ski et patinage. La période d'hiver n'est pas faite pour rester à l'intérieur et attendre un temps plus clément, et si les jours sont courts, raison de plus pour les mieux remplir. Les Jeux Olympiques d'hiver démontrent l'importance des sports d'hiver en Norvège: entre 1924 et 1968, les Norvégiens ont gagné 44 médailles d'or, 40 médailles d'argent et 36 médailles de bronze. Lorsque les championnats du monde furent organisés en 1966 à Oslo, les participants norvégiens obtinrent cinq médailles d'or. Entre 1924 et 1968, la Norvège remporta 36 championnats mondiaux de ski. L'apogée de la saison du ski est le 'Holmenkollrennet' avec son immense contingent de skieurs venus du monde entier. Les compétitions comportent des courses de quinze et de cinquante kilomètres, slalom, ski de descente et saut. Le 'Holmenkollrennet' a lieu au début mars, et cet événement peut attirer jusqu'à cent mille spectateurs.

Presqu'au même titre que le ski, le patinage est l'un des sports d'hiver les plus populaires. Jusqu'en 1968 la Norvège a gagné trente championnats mondiaux de patinage de fond et dix de patinage artistique. Depuis quelques années, la compétition offerte par les Russes et les Hollandais surtout s'avère beaucoup plus intense, et d'autant plus stimulante pour le patinage norvégien. En patinage artistique, Sonja Henie (1912–1969) avec ses dix championnats mondiaux et ses trois médailles d'or olympiques, a été la plus brillante représentante de son pays. Il y a aussi d'autres sports très recherchés en hiver tels que: le hockey-sur-glace, le bandy et la luge et bien sûr, un grand nombre de sports de salle: gymnastique, boxe, lutte, haltères, escrime, ping-pong et basketball. Récemment les sports de réhabilitation parmi les handicapés physiques ont connu un essor considérable. En 1966, on organisa une quête au profit de la construction du premier centre sportif mondial pour handicapés physiques. Il fut bâti au sommet d'une montagne et en quatre jours, un montant correspondant à plus de 400.000 livres sterlings afflua. Un

A biproduct of this broad interest in physical education is the medical research which is connected with sports. At the new training centre of Norway's Confederation of Sports, there is a special department for this branch of research.

The State College of Athletics and Physical Training was opened in 1968, and is attended by about 250 students. Two years' training qualifies for positions as gymnastic instructors and consultants, and athletics instructors in the armed forces.

magnifique exemple qui illustre l'importance accordée aux sports en Norvège. Avec un tel intérêt pour l'éducation physique, la médecine sportive s'est considérablement développée. Une section réservée à la recherche médicale dans ce domaine a été établie au nouveau centre d'entraînement de la Confédération des Sports de la Norvège. Le Collège d'Etat d'Athlétisme et d'Entraînement Physique a été inauguré en 1968, et 250 étudiants y poursuivent leurs études. Après deux ans d'entraînement, ils sont qualifiés comme instructeurs et conseillers en gymnastique, également comme instructeurs d'athlétisme dans l'armée.

Left, a study in postures. A cross-country skier strides home between the sculptured antics of the Frogner Park figures and the apparently less mobile bodies of the spectators. *Above,* slalom, a branch of the sport which Norwegians like to consider as their invention.

A gauche, étude en contrastes: un skieur de fond se dirige à grandes enjambées vers la fin du parcours entre les sculptures grotesques du Parc Frogner et l'attitude figée des spectateurs. *Ci-dessus,* le slalom, une facette du sport dont les Norvégiens aiment bien s'attribuer les origines.

Norway has produced some of the best speed skaters in the world, and one truly exceptional figure-skater, Sonja Henie, who won ten world championships, three Olympic gold medals, and became Hollywood's Queen of the Ice-Rink.

La Norvège a offert au monde quelques uns de ses meilleurs patineurs de vitesse et une patineuse de fantaisie au talent exceptionnel, Sonja Henie qui s'est meritée 10 championnats mondiaux, trois médailles d'or Olympiques et que Hollywood consacra Reine du Patinage sur glace.

Some of the best salmon fishing in the world can be had in the Norwegian rivers, and there are trout in almost every lake. If you live on the coast, of course, nobody is going to look too surprised when you come home carrying a fish that weighs almost as much as you do.

Les rivières de Norvège offrent une des meilleures pêches au saumon du monde et presque tous les lacs regorgent de truite. Un habitant des régions côtières ne surprendra personne en rapportant d'une expédition de pêche un poisson presqu'aussi gros que lui!

People and Language
Le Peuple et La Langue

IT is commonly thought that Norwegians are one of the 'purest' Germanic races in Europe, and a lot of nonsense has been talked and written about this. The average Norwegian military recruit – aged 20 – is one of Europe's tallest men, nearly 6 feet, or 179 cm. Between 60 and 70 per cent have blue eyes, and the majority have blond hair. If we divide the country into counties, we will, however, find that the picture has more facets. In the North, blue eyes are in the minority, on the West coast there are large areas where dark hair and brown eyes are usual, and the form of the skull shows regional variations. The only explanation for this is that Norway's population consists of a mixture of many different ethnic groups. The East part of the country, and Trøndelag, were probably already populated in the late Stone Age by groups of people coming from the East and South. Similar migrations also reached Western Norway by a sea-route from the South. These immigrants were already mixed with other races, and they were accompanied on their way to Norway by groups of Alpine people, as well as Mediterranean and East Baltic types. In the North of Norway, there has apparently been mixing with the Lapps, who originated in Central Asia and are anthropologically related to Alpine and Mongolian races. Both North Norway and the county of Hedmark have a considerable immigration of Finns of East Baltic race. The aboriginal population in Norway were probably hunters and fishermen of the Cro-Magnon race, which was to be found over wide tracts of Europe from the early Stone Age.

The language spoken in Norway is intimately connected with Swedish and Danish. Together these tongues, plus the original Norwegian dialects, still spoken in Iceland and on the Faeroes, form the Nordic or Scandinavian branch of the Germanic language group. Anglo-Saxon, the ancestor of Modern English, is a close relative. In contrast to the neighbouring countries, however, Norway has more than one official language. This is the result of, and the reason for, our language policy, a concept Norwegians are very occupied with, and which they can discuss passionately for hours. In this field opinions are so strongly divided that every attempt to give a short and objective summary of facts will be met with protest. In Norway these protests and counterprotests are called cultural life.

When Norwegians, after a long period of darkness, again began to display literary activity in the sixteenth century, they wrote in Danish, even though it was mixed up with Norwegian words and expressions. In Norway the spoken language was split up into a great number of dialects, but pure Danish was only used by the first generation of Danish immigrants. With the growth of the towns, the linguistic situation

ON a souvent considéré que les Norvégien constituent l'une des races germaniques le plus pures d'Europe et beaucoup trop d'absurdités ont été dites et écrites à ce sujet. Le Norvégie moyen recruté pour le service militaire à l'âge ving ans, est un garçon aux cheveux blonds et aux yeu bleus qui mesure 6 pieds ou 179 cm. Les variation régionales sont assez remarquables, depuis la couleu des yeux et des cheveux jusqu'à la forme du crâne Dans le nord, on ne note que très peu d'yeux bleus e sur la côte ouest les cheveux foncés et les yeux mar rons dominent. La seule explication à ceci, c'est que l population de la Norvège consiste en un mélange d beaucoup de groupes ethniques. Vers la fin de l'Ag de Pierre, la Norvège de l'est vers Trøndelag, étai probablement déjà habitée par des groupes venant d l'est et du sud. De semblables migrations arrivèren en Norvège de l'ouest par une route maritime du sud. Ces immigrants étaient déjà mélangés à d'autre races et en route pour la Norvège, ils furent accom pagnés par des groupes de montagnards aussi bien que par des méridionaux et des types de la Baltiqu de l'est. En Norvège du nord, il y aurait eu un mélange avec les lapons originaires de l'Asie central qui, du point de vue anthropologique, s'apparenten aux Mongols et aux races des Alpes. La Norvège d nord ainsi que la province de Hedmark ont connu une immigration considérable de Finlandais origin aires de la Baltique de l'est. Il est probable que le aborigènes de la Norvège étaient des chasseurs et de pêcheurs de la tribu Cro-Magnon, que l'on a re trouvée dans de nombreuses régions d'Europe depui les premières années de l'Age de Pierre.

En Norvège, la langue parlée est étroitement lié au suédois et au danois, et la section dite nordique o scandinave des langues germaniques comprend outre celles-ci, les dialectes norvégiens originaux toujours utilisés en Islande et aux Iles Féroé; l'anglo saxon, ancêtre de l'anglais moderne, s'y apparente Contrairement aux pays voisins, la Norvège possèd plus d'une langue officielle. Cette question linguisti que constitue un sujet sans cesse renouvelé de dis cussions à tel point que toute tentative d'explication sommaire des faits ne pourrait que susciter de vive protestations.

Au seizième siècle, après une longue période d'obscurité, un renouveau littéraire s'amorça et l langue écrite fut le danois auquel beaucoup d'expres sions norvégiennes vinrent s'ajouter. Le langag parlé se divisa en un grand nombre de dialectes, l danois pur n'étant plus employé que par les première générations d'immigrants danois. Avec la croissanc des agglomérations urbaines, la situation linguisti que devenait plus compliquée et l'on vit s'évolue séparément un langage urbain, d'origine nor végienne mais fortement influencé par le danois e

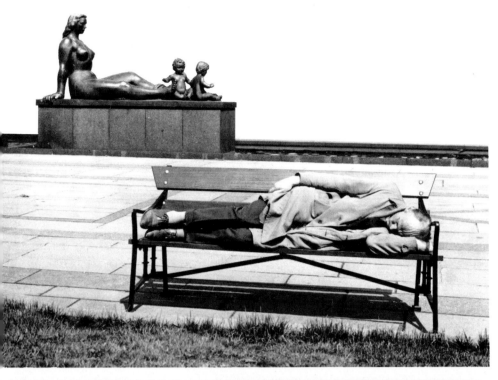

This page and previous page, in the countryside the young learn the folk dances handed down by their elders, while the elders settle down to more contemplative activities such as wood-carving, or, if they are in the city, feeding pigeons or even just sleeping on a bench.

Sur cette page et la page précédente, à la campagne les jeunes apprennent de leurs aînés les danses folkloriques pendant que ces derniers se contentent d'activités plus contemplatives telles que la sculpture sur bois ou, dans les villes, la sieste sur un bane quand ils ont fini de nourrir les pigeons.

became more complicated, and a separate urban language emerged, Norwegian in its origin, but strongly mixed with Danish and other foreign words. In the eighteenth century a more uniform Norwegian appeared, based on the civil servant class and the middle class language of the towns in the South-East of Norway, a language which was clearly a mixture of spoken Norwegian and written Danish. Soon after the severance of the Dano-Norwegian union in 1814, there was a reaction against the Danish influence, and authors like Henrik Wergeland, and the collectors of Norwegian folk tales, P. Chr. Asbjørnsen and Jørgen Moe, adopted more typical Norwegian expressions. These three men inaugurated the so-called 'Norwegianizing' of the written language

d'autres langues étrangères. Au dix-huitième siècle un langage norvégien plus uniforme fit son apparition; inspiré par la langue des classes dirigeantes et de la bourgeoisie urbaine du sud-est de la Norvège, ce langage consistait en un mélange de norvégien parlé et de danois écrit. Peu de temps après la rupture de l'union dano-norvégienne en 1814, il y eut une réaction contre l'influence danoise et des auteurs tels que Henrik Wergeland, et les collectionneurs de contes folkloriques: P. Chr. Asbjørnsen et Jørgen Moe, adoptèrent des expressions plus typiquement norvégiennes. Ces trois hommes inaugurèrent ce qu'on appelle la 'norvégianisation' du langage écrit alors que le réformateur de la langue, Ivar Aasen commença un mouvement différent. Ce dernier

Environ 20.000 Lapons habitent au Nord de la Norvège. Autrefois, ils étaient presque tous nomades, errant avec leurs rennes, sur les territoires norvégiens, suedois, finlandais et plusieurs se rendaient même jusqu'en Russie. Parfois, la bureaucratie parvenait à les rattraper et leur imposait les taxes du pays. Quelques infortunés se voyaient même obligés de payer les impôts dans plus d'un pays; il est à noter que dans le difficile langage lapon, on utilise le même terme pour désigner 'impôts' et 'fraude'. Aujourd'hui, un millier de Lapons seulement, poursuit cette existence nomadique.

while the language reformer, Ivar Aasen, started a different movement. He studied Norwegian dialects, and showed in his pioneer works, *A Norwegian Grammar* (1848), and *A Norwegian Dictionary* (1850), that on the basis of these dialects it would be possible to construct a written language, which would be wholly Norwegian. The language he thus created was called Neo-Norwegian in contrast to the written language. From the middle of the last century these two languages have existed side by side, but not without bitter conflict. The movement against the written language has often had a narrow-minded nationalistic character, while the contempt for Neo-Norwegian sometimes contains an element of social snobbery.

étudia les dialectes norvégiens et il les illustra dans ses premières oeuvres: une grammaire norvégienne en 1848 et un dictionnaire norvégien en 1850. Aasen crut pouvoir former, à l'aide de ces dialectes, un langage écrit entièrement norvégien. La langue qu'il créa ainsi fut appelée néo-norvégienne par contraste au langage écrit.

Depuis le milieu du siècle dernier, ces deux langues existent parallèlement, mais non sans soulever un vif antagonisme. L'opposition à la langue écrite a souvent temoigné d'un caractère à la fois étroit et nationaliste, tandis que le mépris envers la néo-norvégienne contient un élément de snobisme social.

On enseigne ces deux langues dans les écoles, mais seulement l'une d'entr'elles est choisie comme langue

National costumes – 'bunader' – are disappearing fast from everyday life in Norway. The gay and colourful clothes are now mainly used on festive occasions, and more often by children than by adults. For the young lady on the *right*, however, it seems to be a problem of no costume at all.

Le 'bunader' ou costume national, disparait rapidement de la vie quotidienne en Norvège. Ces vêtements aux couleurs vives et gaies ne sont plus portés qu'à certaines fêtes et alors presqu' uniquement par les enfants. Pour la jeune fille *à droite*, le problème semble être résolu.

Both languages are taught in the schools, but only one is chosen as the main tongue. The written language has been officially changed with new rules of spelling introduced in 1907, 1917 and 1939. During the German occupation the Nazi 'government' also tried reforming it, but this was disregarded in 1945.

The final goal is to have one language in Norway, and as a step in this direction rules for a fixed standard to be used in the schools were published in 1958. The new standard was nicknamed 'Common Norwegian' and is difficult to find outside the ranks of language politicians. It is often defended in principle by people who do not write or speak it themselves, and attempts to introduce it in the schools have been met by direct action from violently opposed parents.

All this makes cultural life in Norway lively and exciting, but probably a trifle comical for those looking on from the outside.

principale. La langue écrite a été officiellement changée, de nouvelles règles d'orthographes ont été introduites et elles furent presentées en 1907, 1917 et 1939. Pendant l'occupation allemande, le gouvernement 'nazi' essaya également de la changer mais, en 1945 cette idée fut abandonnée.

Le but ultime de la Norvège est de n'avoir qu'une seule langue. Les premières démarches pour établir des règles uniformes et utilisées dans toutes les écoles furent publiées en 1958. Cette nouvelle standardisation s'appelle 'le norvégien commun' et il est difficile de la trouver en dehors du milieu linguistique. En principe sa défense est souvent entreprise par des personnes qui ne savent ni la lire ni l'écrire elles-mêmes, et les tentatives de la mettre au programme des écoles se sont heurtées à l'action directe des parents qui s'y opposèrent violemment. A cause de tout ceci, la vie culturelle en Norvège est très animée et très passionnante, comportant, cependant, un certain élément comique pour ceux qui l'observent du dehors.

Politics
La Politique

THE modern political history of Norway begins with the national assembly at Eidsvoll in 1814, and the adoption of the constitution, based upon a division of power between the royal authority and the representatives of the people, which still frames the execution of the political power in the country.

It was the bureaucratic class who dominated the Eidsvoll assembly, and it was their way of thinking which made the Storting try to curtail the king's power in Norway in the years after 1814. As the economic depression spread also to our corner of Europe, and thoughts and ideas from the French Revolution came to us, it led to strong agitation among the farmers against a bureaucratic government and the heavy burden of taxation. The demand for more municipal self-government was met by a special law in 1837, which gave the boroughs councillors chosen by the people. Four years earlier the farmers had, for the first time, a majority in the Storting, but as the economy bettered itself, their demands for reforms became less and less voluble. The economic expansion enhanced class distinction, and the French February revolution of 1848 produced a Norwegian political labour movement with Marcus Thrane as its leader. He was thrown into prison for his efforts. His movement found special support among the urban labourers, but it took a very long time before the organization became a party, and even longer before the party got its first representative in the Storting.

During the second half of the nineteenth century, a profound internal political transformation took place, and in the Storting two distinctly separate groups came to be formed – one, a conservative party supporting the bureaucratic government in power, and loyal to the union with Sweden, and the other a more liberal party considering itself the party of the people in opposition to the King and the Government. The conflict between the parties went far deeper than current political questions, and manifested itself also in cultural life, where the conservatives stood on safe traditional ground, while the liberals consisted of a strange mixture of Low Church in rural districts, and cultural radicalism in towns. The political conflict culminated in the ruling given by the High Court of the Realm in 1884, whereby the members of the Cabinet were deprived of their offices. A change of system had thus taken place, the personal power of the king had come to an end, and the Storting had become the decisive governing body.

Just as important was the cultural struggle running parallel with the political development. In the 1880s an early version of the hippy movement was created, the so-called 'Bohemians', advocating free love and a naturalistic literature. In a small country like Norway, and in a small town like Christiania where everybody

L'HISTOIRE de la politique moderne norvégienne débute avec l'Assemblée Nationale à Eidsvoll en 1814, et l'adoption d'une Constitution basée sur la division du pouvoir entre l'autorité royale et les représentants de la nation, et qui régit toujours l'exécution du pouvoir politique dans le pays.

La classe administrative domina l'Assemblée Eidsvoll et sa façon de penser obligea le Storting essayer de diminuer le pouvoir royal en Norvège après les années 1814. Avec la dépression économique et la diffusion des pensées et des idées que la révolution française avait suscitées, les fermiers se soulevèrent contre le gouvernement administratif et le lourd fardeau des impôts. Une demande pour plus d'autonomie municipale fut accordée par une loi spéciale en 1837, ce qui permit aux conseillers municipaux d'être élus par la nation. Pour la première fois les fermiers obtenaient une majorité au Storting et à mesure que l'économie s'améliorait, leurs demandes de réformes devenaient de moins en moins exigeantes. L'expansion économique accrut la distinction de classes et la révolution française de février 1848 produisit un mouvement politique socialiste norvégien guidé par Marcus Thrane. Il fut jeté en prison pour son 'militantisme'; néanmoins, son mouvement trouva un appui spécial chez les ouvriers urbains, mais il s'écoula pas mal de temps avant que cette organisation ne se transforme en parti et encore plus pour que le parti ait son premier représentant au Storting.

Pendant la seconde moitié du dix-neuvième siècle, une importante transformation politique s'opéra et au sein du Storting on vit se former deux groupes à tendances opposées: un parti conservateur supportant le gouvernement administratif en vigueur et loyal à l'union avec la Suède, et un libéral qui se voulait le parti du peuple opposé au roi et au gouvernement. Le conflit entre les partis devint beaucoup plus profond que les questions politiques en cours et eut des répercussions sur la vie culturelle; les conservateurs se maintenaient sur une base traditionelle sûre, alors que les libéraux réunissaient un étrange mélange d'une secte anglicane dans les districts ruraux et de radicalisme culturel dans les villes. Le conflit politique se termina par le verdict rendu à la Haute Cour du Royaume en 1884, selon lequel les membres du Ministère étaient suspendus de leurs fonctions. Un changement de système avait ainsi pris place, le pouvoir royal à titre personnel était aboli et le Storting devenait le seul organe gouvernant décisif.

La lutte culturelle fut tout aussi âpre et alla de paire avec le développement politique. En 1880 une version prématurée du mouvement Hippy prit jour: 'les Bohémiens' préconisaient l'amour libre et une littérature naturaliste. Dans un petit pays comme la Norvège et dans une petite ville comme Christiania

The reading of the Constitution before the constituent assembly t Eidsvoll, 1814.

Previous page, the Storting – the National Assembly – has 150 members elected every fourth year.

La lecture de la Constitution devant l'Assemblée Constituante à Eidsvoll en 1814.

Page précédente, le Storting – l'Assemblée Nationale – compte 150 membres élus tous les quatre ans.

new each other, this took explosive forms – comical when one looks back on them today, tragic and dramatic for those who were in the midst of them and experienced them as violent conflicts that divided the closest families. A certain spiritual exhibitionism is visible in many of the phenomena from this period, especially in Hans Jaeger's helpless but touching autobiographical novels.

The Left Party – the liberals – split in 1887 as a result of its cultural and ecclesiastical policy, and in this we can see a typical Norwegian trait – standing so uncompromisingly on one's own opinion that cooperation with others is an impossibility. Norwegian political history is full of such schisms.

In the same year, 1887, the Norwegian Labour Party was created, and one of the first demands put forward was for universal suffrage. This was not granted until 1898 for men, and 1913 for women. In

où tous les gens se connaissaient, ceci fit scandale. Comique lorsque de nos jours on regarde en arrière, tragique et dramatique pour ceux qui se trouvèrent parmi eux et qui eurent à subir de violents conflits divisant les familles les plus unies. De cette époque, un certain exhibitionisme apparut dans beaucoup de phénomènes, tout particulièrement dans les romans autobiographiques naïfs mais si touchants de Hans Jaeger.

La gauche libérale subit une division interne en 1887, à cause de sa politique culturelle et ecclésiastique. Il faut voir là un trait de caractère typiquement norvégien : un entêtement intransigeant rendant toute coopération avec autrui impossible. L'histoire politique norvégienne est remplie de tels schismes.

La même année, 1887, le parti socialiste norvégien fut créé et la première revendication proposée fut le suffrage universel. Toutefois, il ne fut pas accordé

1905, when the union with Sweden was dissolved, the Labour Party played no part – its first representative only entered the Storting in 1903 – but with the 'new working day' after independence, and inspired by the Russian Revolution in 1905, and even more by the First World War and the Bolshevik revolution in 1917, the party became more and more important. The revolutionary wing triumphed in 1918. In 1921 the Social Democrats broke away. In 1923 the Labour Party severed relations with the third International, and the same year this led to the formation of a separate Communist party. In 1927 the Social Democrats rejoined the Labour Party, and at the 1933 elections it became the largest party.

When the Second World War broke out, Norway declared her neutrality, even though the sympathies of the overwhelming majority of the population were manifestly on the side of the Western powers.

aux hommes avant 1898 et les femmes dure attendre 1913. En 1905, lorsque l'union avec Suède fut dissoute, le parti socialiste rentra dan l'ombre et ce ne fut qu'en 1903 qu'un premic représentant entra au Storting. L'importance d parti augmenta avec l'introduction de 'la nouvel semaine de travail' après l'indépendance, l'inspiratio qu'avait offert la révolution russe de 1905, davantage encore par la première guerre mondiale la révolution bolchevique de 1917. Le mouvemei révolutionnaire triompha en 1918. En 1921, l sociaux-démocrates rompirent. En 1923, le par socialiste coupa les relations avec la 'Troisièm Internationale', ce qui conduisit à la formation d'u parti communiste séparé. En 1927, les sociaux démocrates rejoignirent le parti socialiste et au élections de 1933, il devint le plus grand parti.

Même si les sympathies de la majorité de l

he Government tried to keep Norway out of the
var, but unsuccessfully. Viewed from the standpoint
f the Western powers, Norway constituted a
oophole in the blockade of Germany because of the
wedish iron ore freighted over Narvik. The Ger-
nans for their part were interested in securing U-boat
ases on the Norwegian Atlantic seaboard. During
he winter of 1939–40, Hitler became more and more
reoccupied with plans for an attack on Norway, and
1 this he was stimulated by Vidkun Quisling, the
eader of Norway's diminutive nazi party. On 8 April
940, British naval units mined Norwegian waters,
ut the German war machinery was already in
notion. During the night of 8–9 April, German
orces invaded Norway, and had secured the capital
nd a number of important towns within a day. The
Blitzkrieg against Norway took them two months,
owever, in spite of the fact that Norway was badly

population allaient manifestement du côté des
puissances occidentales, la Norvège proclama sa
neutralité lorsque la deuxième guerre mondiale
éclata. Le gouvernement essaya en vain de conserver
la Norvège en dehors du conflit; d'une part, aux
yeux des puissances occidentales, la Norvège com-
portait une ouverture dans le blocus de l'Allemagne
à cause des minerais de fer suédois qui étaient ache-
minés vers Narvik. D'autre part, les Allemands
étaient intéressés à mettre en sûreté leurs bases de
sous-marins sur la côte atlantique de la Norvège.
Pendant l'hiver 1939–40, Hitler devint de plus en
plus préoccupé par l'idée d'attaquer la Norvège et
dans son projet, il fut encouragé par Vidkun Quisling,
chef du minuscule parti naziste norvégien. Le 8 avril
1940, les unités navales britanniques minaient les
eaux norvégiennes, mais la machinerie de guerre
allemande était déjà en action. Pendant la nuit du 8 au

The 17th of May, the day
the Norwegian Constitution
was passed in 1814, has been
celebrated as a national holiday
ever since. The people like to
see something symbolic in the
fact that military parades are few
in Norway, and that the great
national festival day is celebrated with the schoolchildren's
procession.

La fête nationale de la Norvège
a lieu le 17 mai, anniversaire de
l'introduction de la Constitution
en 1814. Les démonstrations
militaires sont rares en Norvège
et cette journée fériée est plutôt
célébrée par la procession des
écoliers.

equipped for war, and help from the Allies was in-sufficient. The King, the Crown Prince and the Government, with Mr Johan Nygaardsvold as Prime Minister, sought refuge in Great Britain, from where they led the continued resistance. On their side they had not only 98 per cent of Norway's population, but also most of the Norwegian merchant fleet which sailed in allied service during the war.

Norwegian politics after the war was at first heavily engaged in the trials of the traitors, and in long debate on the rights and wrongs of the pre-war policy. That a new spirit was born was obvious from the so-called Common Programme of 1945 which all the political parties signed. The basic idea behind it was that the bonds that bind us together are stronger than the differences that divide us. The Common Programme did not take long to become an embar-rassing memory, and we can say, paradoxically, that the common bond between Norwegians is often the factor that separates them—namely a streak of stubborn self-justification and a dogmatic attitude towards controversy.

A change has taken place in the years since 1945 inasmuch as the Labour Party, having been in power since the mid-1930s, had to give way to a non-socialist coalition government—first for a short period in 1963, later after the elections in 1965, when the Conservatives, the Liberals, the Agrarians and the Christian Democrats together formed a government based upon their majority in the Storting. It is

9 avril, les forces allemandes envahissaient la Norvèg et, en un jour, réussirent à occuper la capitale et un nombre important de villes. Cependant le Blitzkrie contre la Norvège prit deux mois, malgré le fai que le pays était mal équipé pour la guerre e que l'aide des Alliés était insuffisante. Le roi, l prince héritier et le gouvernement du premie ministre M. Johan Nygaardsvold se réfugièrent e Grande-Bretagne d'où ils continuaient à mener l résistance. Ils se savaient appuyés par 98 pour-cent d la population norvégienne et par la flotte marchand norvégienne qui s'enrôla en majorité au service de Alliés pendant la guerre.

Tout de suite après la guerre, la politique nor végienne s'engagea dans les procès des traitres, e aussi dans de longs débats sur les droits et les torts d la politique d'avant-guerre. Il était evident qu'un nouvelle tendance était née du soi-disant Programm Commun de 1945, qui fut signé par tous les parti politiques. L'idée de base qui se dégage de tout cela c'est que les liens qui nous unissent sont plus fort qu les différences qui nous animent. Le Programm Commun est rapidement devenu un souvenir embar rassant, et paradoxalement, on peut dire que le lie commun entre les Norvégiens est souvent ce qui le sépare, c'est à dire un trait 'd'apologie obstinée', et un attitude dogmatique face à la controverse.

Depuis 1945, un changement s'est produit et l parti socialiste qui avait été au pouvoir depuis l milieu des années 1930, devait laisser la place à un

On 17 May, the schoolchildren march through the streets of Oslo, up to the Royal Palace, *left*, where they shout their informal greetings to the King, and afterwards disperse to spend their pocket-money on ice cream.

Le 17 mai, les écoliers défilent dans les rues d'Oslo jusqu'au Palais Royal *à gauche*, où ils saluent le Roi par des acclamations qui n'ont rien de protocolaire, après quoi ils se dispersent, pressés d'aller s'offrir des glaces.

perhaps typically Norwegian that the unification of the parties could only take place at top level, and not lead to complete fusion.

Viewed from a distance, group interests, professional interests, cultural attitude and, to a certain degree, geographical reasons lie behind the party pattern in Norway – much more so than the classical sociological division between 'upper' and 'lower' classes. It would be meaningless to say that Norway is a classless society, but we can safely say that class divisions are not unimpregnable iron curtains. The economic levelling has made it possible for nearly everyone to take part in the rat race, and no sensible person would dream of asking what 'class' anyone belonged to. Schools, sport and compulsory military service have probably been the strongest levellers socially speaking, while the expansion in business, industry and administration has created a demand for talented leaders, a demand which cannot solely be met by recruiting from a small 'upper class'.

gouvernement de coalition non socialiste: d'abord, pour une période assez courte en 1963, puis plus tard, après les élections de 1965 lorsque les conservateurs, les libéraux, les agrariens et les chrétiens-démocrates formèrent ensemble un gouvernement basé sur leur majorité au Storting. Il est peut-être typiquement norvégien que l'unification des partis pouvait seulement avoir lieu sur un plan élevé et ne devait mener à aucune fusion complète. Vu de loin, les intérêts de groupes, les intérêts professionnels, l'attitude culturelle et jusqu'à un certain point, les raisons géographiques, influencent la structure du parti-type en Norvège beaucoup plus que la division sociologique classique entre la 'haute' et la 'basse' société. Pourtant ce serait un non-sens de dire que la Norvège est une société sans classe, mais, sans risque, nous pouvons dire que les divisions de classes ne sont pas des barrières insurmontables. L'égalisation économique a rendu possible, pour une grande majorité de pouvoir prendre part à la 'course aux biftecks' et aucune personne sensée n'oserait demander à n'importe qui, à quelle classe il ou elle appartient. Les écoles, le sport et le service militaire obligatoire ont été probablement les plus grands catalyseurs socialement parlant, pendant que l'expansion des affaires, celle de l'industrie et de l'administration ont créé une demande constante de chefs talentueux, demande qui ne peut pas être uniquement satisfaite en les recrutant parmi la 'haute' société minoritaire.

Shipping
La Navigation

THERE are no natural reasons why Norway should have a big merchant fleet. We have a long coastline–so has Chile and China, and neither of them have become shipping nations, while the Phoenicians, with a bad coast at the bottom of the Mediterranean, and the Dutch, whose coast in the old days was more or less permanently flooded, were great sailors. Norway has never had any colonies to build a liner trade on. We must import most of our goods, but the population is so small that a handful of ocean-going ships and a small coastal fleet would be sufficient to meet the demand for transport of consumer goods to our own market. In fact we have 0.1 per cent of the world's population, but 10 per cent of the merchant tonnage. In the final analysis the Norwegian shipping empire has originated from the personal initiative, the imagination, the energy and the courage shown by the men who built up the fleet helped only by themselves.

Norway's most important contribution to allied operations during the war was a fleet of 4.8 million gross tons–at that time ranking as fourth in the world. Half the merchant fleet was lost during the war, and the remainder suffered a large amount of wear and tear reducing the value of the pre-war fleet by about sixty per cent. After the war it was unanimously agreed that the reconstruction of the fleet should have first priority. The immense task of doubling the existing fleet, and at the same time providing extensive repairs to the 'war fleet' presented many difficult problems. It was obvious that most of the building contracts would have to be placed abroad, but the financing of these contracts was another obstacle. Norway possessed considerable amounts of foreign currency brought in by the freight earnings during the war, but the country also needed foreign goods for inland consumption. The answer to the problem was found when the ship owners agreed to a policy which entailed that all new building abroad had to be financed solely from foreign sources. Norwegian owners have always enjoyed excellent credit abroad, and yards and banks gave new building credits of up to fifty per cent running from five to ten years.

The size of the fleet in May 1945 was 2.7 million gross tons, in 1950 it had reached 5.1 million, in 1955 6.9 million, in 1960 10.8, in 1965 14.5, and in 1969 18.8 million gross tons. At the same time the average age of the ships has been reduced from 14.9 years in 1946 to 7.4 years in 1966.

Most Norwegian ships never visit their port of registration. Of the tankers 97 per cent are trading between foreign ports, and only about 9 per cent of the total Norwegian overseas fleet is engaged in traffic operating in part or wholly from home ports.

To give seamen a firm link with Norway, two

Il n'y a aucune raison naturelle pour que la Norvège ne possède pas une grande flotte marchande. Nous avons une côte très étendue, comme celle du Chili et de la Chine, mais aucun de ces deux pays n'est devenu une nation de marins. Par contre, les Phéniciens avec un littoral meditérranéen très mauvais et les Hollandais dont la côte était jadis à peu près constamment innondée, furent de grands marins. La Norvège n'a jamais eu de colonies pour pouvoir établir un échange commercial. Nous devons importer la plupart de nos denrées, mais la population est si petite qu'une poignée de cargos et une petite flotte côtière seraient suffisantes pour faire face à la demande de transport des denrées consommées sur notre propre marché. En fait, nous n'avons que 0.1 pour-cent de la population mondiale, mais nous réunissons 10 pour-cent du tonnage marchand. En fin de compté, l'empire maritime norvégien tire ses origines de l'initiative personnelle, de l'imagination, de l'énergie et du courage montrés par les hommes qui ont construit la flotte par leurs propres moyens.

La contribution la plus importante que la Norvège apporta aux Alliés pendant la guerre fut une flotte de 4.8 millions en jauge brute. A cette période elle se plaçait en quatrième position dans le monde. La moitié de la marine marchande fut détruite pendant la guerre, et ce qui en resta souffrit pas mal d'avaries réduisant sa valeur d'avant guerre d'environ soixante pour-cent. Après la guerre, il fut unanimement reconnu que la reconstruction de la flotte devait avoir la priorité. L'immense tâche de doubler la flotte existante et en même temps de remettre en état la flotte de guerre présenta beaucoup de problèmes ardus. Il était évident que la plupart des contrats de chantiers navals devraient être placés à l'étranger, mais le financement de ces contrats présentait un autre obstacle. La Norvège possédait des sommes considérables en devises étrangères résultant du transport maritime pendant la guerre, mais aussi le pays avait besoin de produits étrangers pour ses besoins internes. Ce problème fut résolu lorsque les armateurs acceptèrent que toutes les nouvelles constructions maritimes norvégiennes à l'étranger soient uniquement financées par des sources étrangères. Les armateurs norvégiens ont toujours bénéficié d'excellents crédits à l'étranger, et les chantiers navals ainsi que les banques leur octroyent des crédits allant jusqu'à cinquante pour-cent, étendus sur une période de cinq à dix ans.

En mai 1945, la grandeur de la flotte était évaluée à 2.7 millions en jauge brute, en 1950 elle atteint 5.1 millions, en 1955 6.9 millions, en 1960 10.8, en 1965 14.5 et en 1969 18.8 millions en jauge brute. En même temps la durée moyenne des bateaux fut réduite de 14 ans et 9 mois en 1946 à 7 ans et 4 mois en 1966. La plupart des bateaux norvégiens ne visitent jamais leur

Foreign tourist ships are frequent visitors to Norway in the summer season, just as Norwegian passenger vessels take cruises to other parts of the world.

Previous page, dock workers humping sacks on the quayside. Norway has to import the bulk of the raw materials and foodstuffs that she needs.

L'été voit arriver de nombreux bateaux touristiques étrangers; c'est aussi la saison des croisières des paquebots norvégiens vers d'autres régions du globe.

Page précédente, débardeurs déchargeant des sacs sur le quai. La Norvège est obligée d'importer la majeure partie du matériel brut et des denrées qu'elle consomme.

world-wide networks of stations have been built up. The Norwegian Mission for Seamen, which has existed on voluntary gifts for more than a hundred years, has churches and reading rooms in thirty-two ports all over the world, and after the war the State Welfare Office for the Merchant Fleet opened its own offices in thirty-six ports.

port d'attache. Quatre-vingt-dix-sept pour-cent des pétroliers font la navette entre les ports étrangers et, environ 9 pour-cent seulement de la totalité de la flotte norvégienne d'Outre-Mer est engagée dans le commerce opérant partiellement ou entièrement à partir des bases norvégiennes. Pour donner aux marins un port d'attache en Norvège, deux grandes bases mondiales ont été érigées. La Mission Norvégienne pour les Marins qui a existée grâce à des dons bénévoles depuis plus de cent ans, possède des églises et des bibliothèques dans trente-deux ports du monde entier et, après la guerre, le Bureau d'Assistance Sociale de la Marine Marchande ouvrit ses bureaux dans trente-six ports.

Four representatives of Norwegian shipping, but the only one no longer in use is the *D/S Dux*; the sailing ship *Christian Radic* provides basic training in seamanship, the steamer in Trollfjorden plies up and down the coast, and the giant tanker, like most Norwegian merchant ships, trades internationally.

Quatre représentants de la navigation norvégienne; seul le *D/s Dux* n'est plus en service; le voilier *Christian Radic* sert à l'entraînement de base des marins, le navire à vapeur du Trollfjorden fait la navette le long de la côte et le pétrolier géant, comme tous les navires marchands norvégiens, assure le commerce international.

Women in Norway
Les Femmes en Norvège

THE struggle for women's emancipation in Norway was neither as dramatic nor as tragic as the 'Vote for Women' campaign in Britain, but it fills an important chapter both in the political and cultural history of the times, and without a certain knowledge of the 'Equal Rights' movement, it is impossible to understand Norwegian literature. The spur behind the law reforms was the poverty of the country in the first half of the last century. It was absolutely necessary for unmarried women to take paid work outside the home, and the first emancipating laws passed by the Storting aimed at making it possible for women to find jobs and be protected within their work.

In 1839 women were given the privileges of artisans, in 1842 the grant of commercial rights, three years later they acquired the status of minor males, and in 1854 inheritance rights were sanctioned for both sexes. In 1882 women obtained admittance to study at the university, and about this time their fight for complete legal equality became more active. The political left took up their claims, and their problems were discussed – nearly always in their favour – in the literature of the day, especially in books by Ibsen, Bjørnson, Kielland and Lie. Looking back upon the lawgiving in the last century, we can see how women's rights were secured step by step. In 1888 married women gained control over their own money, and soon afterwards the franchise became the big claim for all the women's organizations. Voting rights in municipal elections were granted in 1910, and in national elections in 1913. In 1912 the portals of state positions were opened to women, but did not allow them to become cabinet members, ministers of religion, diplomats or officers in the army.

A Government proposal regarding the right of women to all offices except military was rejected in 1936, because of the opposition of church people to women clergy. Two years later, however, a compromise was reached: women could be ordained, but not in parishes where a majority were against it. The first woman was ordained only in 1961. Quite a number of women have studied theology, but most of these are employed as hospital chaplains, and in secretarial work in Christian lay organizations.

Two different Marriage Laws, of 1918 and 1927, are based upon equality in principle of both spouses. While the struggle for women's rights has been fought with eagerness and energy, and has played such an important part in Norwegian cultural life, relatively few women have made use of their rights. The leading figures of the emancipation movement have mostly belonged to the radical wing, but Norwegian women by and large have tended to be more conservative. It was not until 1945 that the number of women members of the Storting rose to seven out of

EN Norvège la lutte pour l'émancipation de la femme n'a jamais été aussi dramatique ou aussi tragique que la campagne pour le 'suffrage des femmes' menée en Grande-Bretagne. Elle joua néanmoins un rôle important dans l'histoire politique et culturelle de l'époque, et sans connaître le mouvement de 'l'Egalité', il est impossible de comprendre la littérature norvégienne. La pauvreté de la première moitié du siècle dernier agit comme l'aiguillon qui provoqua la réforme de la Législation. Il était absolument nécessaire que les femmes célibataires travaillent en dehors du foyer. Par conséquent les lois adoptées par le Storting eurent pour but de donner aux femmes la possibilité de trouver un travail, et une fois employées, d'y être protégées.

En 1839 elles reçurent les privilèges de l'artisanat et en 1842, l'octroi des droits commerciaux; trois ans plus tard, elles acquièrent le statut des hommes mineurs et en 1854 elles furent autorisées à avoir des droits de succession égaux à ceux des hommes. En 1882 les femmes furent admises à l'université et vers cette époque leur lutte pour une complète égalité judiciaire devint plus intense. Le parti de gauche s'occupa de leurs demandes et ces problèmes se retrouvent dans la littérature du moment, surtout dans les oeuvres d'Ibsen, de Bjørnson, de Kielland et de Lie. Si l'on retrace les événements du siècle dernier, au point de vue législatif, on peut constater comment, petit à petit, les droits des femmes s'établirent. En 1888 les femmes mariées pouvaient régler leurs propres affaires financières et peu de temps après, le droit de vote devint la grande demande de toutes les organisations féminines. Le droit de voter aux élections municipales fut accordé en 1910 et, en 1913 ce droit fut accordé aux élections nationales. En 1912 les femmes devinrent admissibles aux postes d'état, mais non pas aux postes de ministres, prêtres, diplomates ou officiers de l'armée.

A ce sujet une proposition gouvernementale fut rejetée en 1936 à cause de l'opposition de l'Eglise aux femmes prêtres. Cependant deux ans plus tard un compromis fut accepté: Les femmes pouvaient recevoir les ordres sauf dans les paroisses où la majorité s'y opposait. C'est seulement en 1961 que la première femme fut ordonnée. Un assez bon nombre de femmes ont poursuivi des études de théologie, mais la plupart d'entre elles sont employées comme aumôniers dans les hôpitaux ou bien au service du secrétariat des organisations laïques. Deux lois différentes du mariage, celle de 1918 et celle de 1927 sont basées sur le principe de l'égalité des deux époux. Bien que la lutte pour les droits de la femme se déroula d'une façon passionnée et avec acharnement et que cette lutte joua un rôle si important dans la vie culturelle de la Norvège, relativement peu de Norvégiennes ont fait valoir leurs droits. Les diri-

Previous page and this page, the
smiles on these faces are almost
certainly to do with something
quite different, but they still
provide an opportunity to say
that the emancipation of women
in Norway has been achieved at
less cost than in many other
countries.

*Sur cette page et la page
précédente*, ces visages
souriants ont certainement une
raison toute autre de se réjouir
mais ils permettent d'illustrer
avec quelle facilité, par rapport
à bien d'autres pays, la femme
norvégienne est parvenue à son
émancipation.

150, and the number of women on municipal councils to 730, as against 13,700 men. Since 1945 there has generally been one, sometimes two, women in the cabinet.

Since the war a great deal has been done to draw married women into employment, but lack of help in the home and with the children, has made this difficult for many. Part-time work and day homes for children have been the answer in many places. Since 1960 married people have been able to choose if they will be taxed separately or together, and this has also made things easier. The Norwegian Workers' Protection Act contains only one discriminatory clause: women expecting children have the right to six weeks' leave of absence from work before and after the birth of a child, and also the right to breast-feed the child during working hours.

The principle of equal pay was first introduced by state and local government, and in academic life, while in other employment there was discrimination in favour of the men by about twenty per cent. In 1961, however, the Norwegian Employers' Organization and the Federation of Trade Unions jointly resolved to introduce equal pay for men and women doing the same kind of work. The necessary reforms have been taking place gradually.

Some of the biproducts of the emancipation movement have been laws regulating the status of un-married mothers, and laws concerning family names. In 1915 the Storting passed the Castberg Children's

geantes du mouvement d'émancipation ont générale-ment fait partie de la gauche-radicaliste, mais la plupart des Norvégiennes ont montré une tendance conservatrice. Ce n'est pas avant 1945 que le nombre des femmes s'affirma au Storting, jusqu'à sept sur cent cinquante et, aux conseils municipaux, s'éleva à 730 sur 13,700 hommes. Depuis 1945, il y a eu presque constamment une ou deux femmes au gouvernement. Depuis la guerre on a beaucoup encouragé la femme à travailler, mais ceci a été rendu difficile par un manque d'aide à la maison et aussi à cause des enfants. L'emploi à mi-temps et les poupon-nières ont été la solution dans bien des endroits. Depuis 1960 les gens mariés ont le droit de choisir de payer les impôts conjointement ou séparément, ce qui a simplifié bien des situations. L'acte pour la protec-tion des travailleurs norvégiens ne contient qu'une clause discriminatoire: Les femmes enceintes ont le droit à un congé de six semaines avant et après la nais-sance de l'enfant; elles ont également la possibilité d'allaiter l'enfant pendant les heures de travail.

L'état et les conseils municipaux introduirent d'abord l'égalité des salaires dans les postes aca-démiques, alors que dans les autres emplois il y avait toujours une discrimination d'environ vingt pour-cent en faveur des hommes. Cependant, en 1961, l'Organisation des Employeurs Norvégiens et la Fédération des Syndicats résolurent d'introduire un salaire équitable pour les deux sexes engagés dans le même genre de travail. Peu à peu les réformes

The principles of equal pay and equal opportunity for women are gradually being realized, and there are enlightened laws relating to their married status and particularly to children born out of wedlock.

Les principes du salaire égal et des possibilités égales pour les femmes se réalisent progressivement; on a allégé les lois concernant leur statut marital et particulièrement celui des enfants illegitimes.

Acts (named after the Minister of Justice), giving to children born out of wedlock equal inheritance rights, and the right to the father's name. This law stirred up a lot of controversy at the time when it was debated, but no one today will deny that it has been fair, and it has made the word 'bastard' disappear from our language.

Family allowances, which start with the first child, are paid for one child more than she has where the mother is alone, and it makes no difference whether she is a widow, divorcee or unmarried. Since 1964 women have had the right, if they so want, to retain their maiden names after marriage, and children may also adopt their mother's maiden name.

There is an interesting distinction between Norwegian and British attitudes towards married and unmarried women. In Great Britain 'Miss' is used as a courtesy title for women who have made themselves a name, whether they are married or not. It always sounds comical to read about the film star 'Miss X', who probably has three or four ex-husbands alive. In Norway the title of 'Mrs' is considered more highly.

nécessaires eurent lieu.

De ce mouvement d'émancipation, de nouvelles lois s'ensuivirent, au sujet de la position des mères célibataires et également sur la question des noms de familles. En 1915, le Storting ratifia l'Acte de Castberg (nommé ainsi d'après le nom du ministre de la justice) donnant aux enfants illégitimes les mêmes droits égaux de succession et le droit de porter le nom du père. Au moment de son débat, cette loi provoqua de nombreuses polémiques mais aujourd'hui, personne ne peut affirmer qu'elle n'était pas juste; d'ailleurs, elle a fait disparaître le mot bâtard de la langue.

Les allocations familiales commencent avec le premier enfant; lorsque la mère est seule elle reçoit une allocation familiale supplémentaire, sans tenir compte si elle est veuve, divorcée ou célibataire. Depuis 1964, les femmes ont le droit, si elles le désirent, de garder leur nom de jeune fille après le mariage; les enfants peuvent également l'adopter.

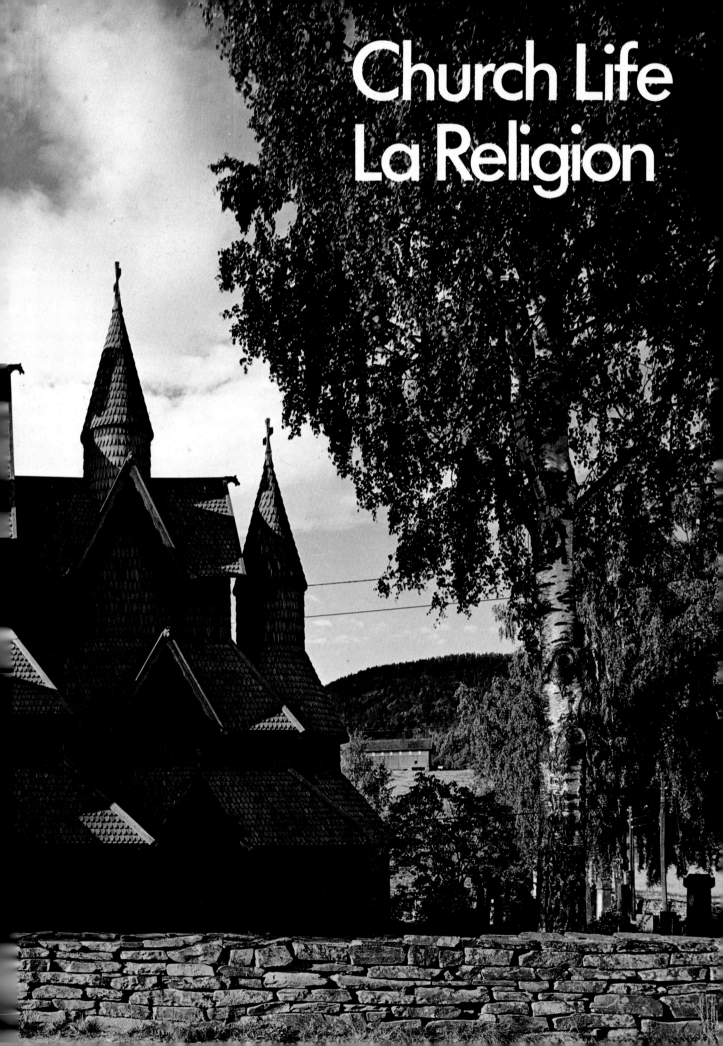

Church Life
La Religion

IT is doubtful whether any country in Western Europe today can be called Christian in the full sense of the word. Norway is not more–perhaps rather less–Christian than most other European countries, but a Christian tradition exists, and Christianity has its own place in Norwegian law and state administration.

Historians now believe that Christianity was introduced from Denmark and Germany as early as in the middle of the tenth century. In the eleventh and twelfth centuries, however, the young church in Norway came to be strongly influenced by the English. As we have mentioned earlier, in England the first Christian kings of Norway were baptized, and from England came the first priests, bishops and church builders.

The first church building mentioned in Norwegian history was consecrated under King Olav Trygvason at Moster in Western Norway. The special style in Norwegian church building–as seen in the stave-churches–can be traced back to these remote missionary times. In all, thirty such churches have been preserved, in Sogn, Telemark, Valdres and Gudbrandsdalen. The finest examples of Romanesque stone ecclesiastic buildings are the cathedral in Stavanger and Old Aker parish church in Oslo. Trondheim cathedral is Gothic in style, and has been restored several times. Church building since the last war has made a breakthrough architecturally speaking. New materials have been used, and a new daring style has developed, especially in those parts of the country where war damage made building essential.

The early influence from England did not hinder the church in Norway establishing a strong national character. The Reformation, coming to Norway from Denmark in 1537, was therefore both politically and culturally a hard blow for the country, and the Norwegian clergy was replaced by Danes and Germans. The German influence on Norwegian theological thinking has been predominant right up to recent times, while British and American influence came partly via contacts with Norwegian emigrants, and partly through dissenter movements. Nearly all Free Churches working in Norway have come from Great Britain and America, while the Catholic Church has a more mixed background. French and Dutch Catholic priests have been active, after the last war priests came from Britain, and at the same time an active Norwegian priesthood has emerged.

The Evangelical Lutheran religion remains the State's official religion, and includes about ninety-six per cent of the population. The Storting has the legislative power in Church matters, except as regards questions concerning official forms of worship, where the ultimate right of decision rests with the King, as 'supreme bishop'. The debate on the

IL est discutable qu'aujourd'hui en Europe, il y ait un pays qui soit chrétien, chrétien dans le vrai sens du mot. La Norvège ne l'est pas davantage–peut-être moins que la plupart des autres pays européens–néanmoins, une tradition chrétienne y existe et le christianisme a sa place dans la législation norvégienne et dans l'administration de l'état.

Les historiens croient que le christianisme est venu du Danemark et de l'Allemagne vers le milieu du dixième siècle. Cependant au onzième et au douzième siècles, la nouvelle église en Norvège subit une forte influence anglaise. Comme nous l'avons déjà mentionné plus haut, les premiers rois de la Norvège furent baptisés en Angleterre et d'Angleterre vinrent les premiers prêtres, archevêques et aussi les premiers bâtisseurs d'églises.

La première église dont on fait mention dans l'histoire norvégienne fut consacrée sous les auspices du roi Olav Trygvason à Moster en Norvège de l'ouest. Le style spécial de l'architecture des églises norvégiennes – avec les toits étagés – remonte à la lointaine époque des missionnaires. En tout, trente de ces églises ont été conservées à Sogn, Telemark, Valdres et à Gudbrandsdalen. La cathédrale de Stavanger ainsi que l'église de la paroisse de Gamle Aker à Oslo, représentent les plus beaux exemples des bâtiments ecclésiastiques romans en pierre. La cathédrale de Trondheim est de style gothique et a été restaurée plusieurs fois. Au point de vue architecture, la construction des églises a fait beaucoup de progrès depuis la dernière guerre. De nouveaux matériaux sont employés et un style nouveau, audacieux s'est développé, surtout dans les régions du pays où la construction a été rendue nécessaire par les dommages de la guerre. En Norvège, les premières influences anglaises n'empêchèrent pas l'église de se forger un vrai caractère national. La Réforme venant du Danemark en 1537 était donc un coup dur, à la fois culturel et politique, pour le pays et le clergé norvégien se trouva remplacé par les Danois et les Allemands. L'influence allemande sur la pensée théologique norvégienne a été prédominante jusqu'à nos jours, tandis que l'influence britannique et celle de l'Amérique venaient partiellement des contacts avec les émigrés norvégiens et aussi des mouvements dissidents. Presque toutes les sectes de l'église libre opérant en Norvège sont venues de la Grande-Bretagne et de l'Amérique, tandis que l'église catholique a des origines plus mélangées: prêtres français et hollandais très actifs, et après la dernière guerre, prêtres venant de Grande-Bretagne en même temps que le clergé norvégien qui se manifestait.

La religion officielle de l'état reste toujours le luthéranisme évangélique, qui embrasse à peu près quatre-vingt-seize pour-cent de la population. Le Storting garde des pouvoirs législatifs dans les

Trondheim Cathedral, built in the 11th century and the largest cathedral in Scandinavia.

Previous page, the beautiful and famous stave church at Heddal. Once there were at least 750 such churches; today only thirty remain.

La cathédrale de Trondheim, la plus vaste cathédrale de Scandinavie, a été érigée au 11e siècle.

Page précédente, la célèbre église de Heddal. On a déjà compté 750 églises avec ces toits étagés et sculptés si caractéristiques; il n'en reste plus que trente.

right relationship between Church and State has been going on for years, and many voices have been raised in favour of severing the connection. Certainly the church has its own system of self-government in the form of local parish councils and other lay organizations.

The Church co-operates with other organizations – both national and international – in humanitarian actions of various kinds, and together with thousands of associations all over the country, it distributes the voluntary contributions which come in through their work, and which add up to more than £5 million each year.

The earliest Norwegian missionary efforts are associated with the name of Hans Egede who worked in Greenland from 1721 to 1736. He won more than a few followers in this Arctic parish, but apart from

affaires de l'église, sauf en ce qui concerne le cult où l'ultime décision reste entre les mains du roi e tant qu'archevêque suprême. La discussion sur le relations adéquates de l'église et de l'état dure depui des années et, une grande partie se prononce e faveur de la séparation de ces liens. Certes, l'église son système de gouvernement autonome sous form de conseils municipaux et autres organisations laïque L'église coopère avec d'autres organisations – à la foi nationales et internationales – à des oeuvres humani taires de tous genres, et avec l'aide de millier d'organisations répandues dans tout le pays, el distribue des dons bénévoles qui peuvent s'élève jusqu'à plus de cinq millions de livres sterlings pa an, somme provenant de ses efforts.

Les efforts des premiers missionnaires norvégien remontent loin et s'associent au nom d'Hans Eged

The simple and the grandiose: a church in the village of Opstryn in the North Fjord area, and the interior of Oslo Cathedral.

La simplicité et la grandeur: une église du village d'Opstryn dans la région du Fjord Nordique et l'intérieur de la cathédrale d'Oslo.

that, missionary work has been concentrated in Asian and African countries. The first missionary association was formed in 1826, and was supported particularly by Low Church and Free Church groups. The missionary zeal soon spread all over the country. The movement's headquarters are in Stavanger, where they also have their own school. The most active missionary work has been carried out in Madagascar, where over 200,000 baptized Christians are the result of Norwegian effort. There have also been missions in China, Hong Kong, Taiwan and Japan, Ethiopia and Tanzania, India and Pakistan.

qui travailla au Groenland de 1721 à 1736. Il gagna plusieurs adhérents dans cette paroisse de l'Arctique mais, par la suite, le travail des missionnaires se concentra dans les pays de l'Asie et de l'Afrique. La première association de missionnaires fut fondée en 1826 et reçut principalement l'aide d'une secte de l'église anglicane et celle de l'église libre. Très vite le zèle missionnaire se répandit dans tout le pays. Le quartier général de cette organisation se trouve à Stavanger où elle a aussi son propre collège. Le travail le plus actif a été entrepris à Madagascar où plus de 200.000 chrétiens furent baptisés, ce qui illustre l'effort norvégien. Il y avait également des missions en Chine, à Hong-Kong, à Taiwan et au Japon, en Ethiopie et en Tanzanie, ainsi qu'en Inde et au Pakistan.

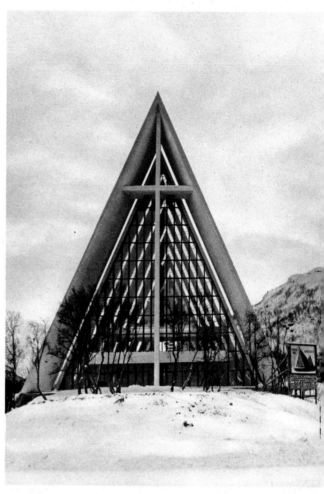

Four views of Norwegian religious architecture: *top*, two aspects of the church at Tromsdalen; *below right*, the snow-blanketed cathedral at Bodø; *below left*, another stave church. The stave churches represent the most original Norwegian contribution to architecture.

Quatre aperçus de l'architecture religieuse en Norvège: *en haut*, deux aspects de l'église de Tromsdalen; *en bas, à droite*, la cathédrale recouverte de neige à Bodø; *en bas, à gauche*, une autre église à l'architecture si typiquement norvégienne.

A small country, nearly inaccessible, in a remote corner of the civilized world, can easily become culturally isolated. Roads to the outer world are long, the resources necessary to build up a network of connections are few, and the population so small in number and so scattered that a dialogue with other countries can seem impossible. In spite of this, one of the most characteristic trends in Norwegian literature has been the way in which it has managed to combine its national, even regional, imprint with communication with Europe.

Norwegian literature in the Middle Ages was inseparably linked with that of Iceland, and it is impossible to draw a clear dividing line between Icelandic and Norwegian as long as the two countries constituted a linguistic and ecclesiastic unity. In the great *Edda* poem from the thirteenth century, we find traces of influence from even further afield. Characters and events from the heroic poems have their roots in the German *Niebelung Ring,* and show that in the pre-Christian era, there was a lively cultural intercourse between Norway and Central Europe. Snorre Sturlason's (1179–1241) *Sagas of the Kings,* and the remarkable *The King's Mirror,* are obviously works by men who knew much about the world outside their own parish, and a visionary poem like *The Dream Ballad,* while hardly explainable by reference to other contemporary writings, shows that a creative spirit, similar to Dante's, could develop on barren Norwegian ground eight hundred years ago. Folk songs and myths, from late medieval times up to the seventeenth century, also show how European narratives acquired a Norwegian shape, in the same way that Arabian and Asiatic stories are found disguised in Norwegian folk tales.

In Ludvig Holberg (1684–1754), Norway had its first author of European stature. Holberg studied in Copenhagen, travelled extensively in England and on the Continent, and was well acquainted with the seats of knowledge and contemporary literature. His comedies are still frequently performed both in Denmark and in Norway. Henrik Wergeland (1808–1844), who combined a burning love for Norwegian freedom with universal philosophic ideas and a strong involvement in current affairs, was the first great poet in independent Norway after 1814. But it was not until the advent of Bjørnstjerne Bjørnson (1832–1910), Henrik Ibsen (1828–1906), Jonas Lie (1834–1908) and Alexander L. Kielland (1849–1906), that the new Norway acquired writers who broke all national boundaries, and at the same time took an intense interest in current political and social problems, especially Bjørnson. And it is typical that Bjørnson wrote in British and German newspapers, took part in political debates on the Continent, and translated Victor Hugo; that Ibsen for many years

UN petit pays, presque inaccessible, dans un coin éloigné du monde civilisé peut, au point de vue culturel, facilement devenir isolé. Les routes vers le monde extérieur sont longues, les ressources nécessaires pour établir des contacts sont restreintes et la population est si petite en nombre et si dispersée qu'il paraît presque impossible de pouvoir nouer un dialogue avec d'autres pays. Malgré tout, l'une des tendances les plus caractéristiques de la littérature norvégienne a été la façon dont elle s'est débrouillée pour fusionner son empreinte nationale et même régionale avec les communications européennes.

Au moyen âge, la littérature norvégienne était étroitement liée à celle de l'Islande et il a été impossible de tracer clairement une ligne de démarcation entre la langue norvégienne et la langue islandaise aussi longtemps que les deux pays constituaient une unité linguistique et ecclésiastique. Au treizième siècle, dans le grand poème d'*Edda*, nous retraçons une influence qui vient d'encore plus loin. Les caractères et les événements des poèmes héroïques ont pris leurs sources dans le *Niebelung Ring* allemand, et démontrent qu'à l'ère antérieure au christianisme il y eut un échange culturel très intense entre la Norvège et l'Europe centrale. *Les Sagas des Rois* de Snorre Sturlason (1179–1241) et le remarquable *Miroir du Roi*, sont de toute évidence des oeuvres d'hommes qui, en dehors de leur paroisse, connaissaient très bien le monde extérieur. *La Ballade du Rêve*, poème visionnaire, à peu près inexplicable en comparaison avec d'autres écrits contemporains, illustre à quel point un esprit créateur semblable à celui de Dante avait pu se développer sur le sol encore vierge de la Norvège, il y a huit cent ans. Les chansons et les mythes folkloriques, datant des temps médiévaux et allant jusqu'au dix-septième siècle, illustrent l'influence norvégienne dans les récits européens, de la même façon que les récits arabes et asiatiques se retrouvent dissimulés dans les histoires folkloriques norvégiennes.

Avec Ludvig Holberg (1684–1754) la Norvège connut son premier écrivain d'envergure européenne. Holberg étudia à Copenhague, voyagea intensément en Angleterre et sur le continent; il connaissait très bien les centres académiques et la littérature contemporaine. Ses comédies sont encore fréquemment jouées aussi bien au Danemark qu'en Norvège. Henrik Wergeland (1808–1844) qui alliait un amour ardent pour l'indépendance de la Norvège aux idées philosophiques universelles, était fortement impliqué dans les affaires de l'époque, et après 1814, il fut le premier poète de la Norvège indépendante. Mais, il faut attendre l'arrivée d'hommes comme: Bjørnstjerne Bjørnson (1832–1910), Henrik Ibsen (1828–1906), Jonas Lie (1834–1908) et Alexandre L. Kielland (1849–1906) pour permettre à la nouvelle

Bjørnstjerne Bjørnson

Henrik Ibsen

Previous page, a production of bsen's *Peer Gynt*.

Page précédente, une représentation du *Peer Gynt* d'Ibsen.

Knut Hamsun

was resident abroad and influenced theatrical art all over the world; that Kielland considered himself a Parisian; and that Jonas Lie lived in France for twenty-eight years and was the central figure in a colony of Scandinavian artists and writers. It is perhaps also characteristic that he never bothered to learn French.

Influence has always been a two-way traffic. It has recently been shown how James Joyce used elements from Ibsen's plays in *Finnegan's Wake*, and Ibsen himself read Darwin and John Stuart Mill. Through the Danish critic Georg Brandes, dangerous and rebellious ideas were communicated to Norway at the beginning of the 1880s, and Continental concepts like naturalism in literature and impressionism in painting were known and discussed by the 'Bohemians'. Their leader, Hans Jæger (1854–1910), had an intimate knowledge of Kant's philosophy and of French ideas. His books, which were banned in Norway, were published in France.

There was, on the whole, a particularly keen interest in foreign affairs in the second half of the last century, and the fact that many Norwegian writers kept above the breadline with newspaper work

Norvège de posséder des écrivains qui rompaient tous liens nationaux et qui, au même moment, s'intéressaient aux problèmes politiques et sociaux, tout spécialement Bjørnson. A cette époque Bjørnson écrivait pour les journaux anglais et allemands, prenait part aux débats politiques sur le continent et traduisait Victor Hugo; pendant de nombreuses années Ibsen résida à l'étranger, Kielland se considérait comme Parisien et Jonas Lie vécut en France pendant vingt-huit ans où il devint le point de mire de la colonie des artistes et des écrivains scandinaves. Il est peut-être caractéristique d'ajouter que Lie ne prit jamais la peine d'apprendre le français.

L'influence a toujours été réciproque. Récemment, il a été démontré comment James Joyce se servit d'extraits de l'oeuvre d'Ibsen pour sa propre pièce *Finnegan's Wake* et, comment Ibsen lui-même lut Darwin et John Stuart Mill. D'après le critique danois, Georg Brandes, des idées dangereuses et rebelles furent introduites en Norvège au début de 1880 et des concepts continentaux tels que le naturalisme dans la littérature et la peinture impressioniste étaient connus et discutés par les 'Bohémiens'. Leur

Sigrid Undset

served to increase this public awareness. A. O. Vinje (1818–1870) wrote a book about the British, whom he did not like, Gunnar Heiberg (1857–1929), Nils Kjaer (1870–1924) and Hans E. Kinck (1865–1926), travelled extensively on the Continent and published books and articles on French, Spanish, Italian and German cultural life, social conditions and politics. Heiberg was also a prolific playwright. Writers like Heiberg and Kjaer set a pattern for literary journalism, and through their work they not only sharpened self-criticism in the press, but also brought back to Norway a surprisingly broad knowledge of foreign conditions. An author like Arne Garborg (1851–1924) combined the two main streams running parallel in our literature: a Landsmål writer from the darkest and most isolated Jaeren (near Stavanger), and at the same time a European spirit with a vast knowledge of his own time. Knut Hamsun (1859–1952), a conjuror of the Norwegian language, has been translated in nearly all countries, and was frequently written about in Russian provincial papers more than sixty years ago. The novels of Sigrid Undset (1882–1949) reveal a strong identification

chef, Hans Jaeger (1854–1910) avait une connaissance approfondie du philosophe Kant et aussi des idées françaises. Ses livres qui étaient interdits en Norvège, furent publiés en France.

Dans l'ensemble, la seconde partie du dernier siècle manifesta un intérêt spécial pour les affaires étrangères, d'autant plus que beaucoup d'écrivains gagnaient leur vie en faisant du journalisme. A. O. Vinje (1818–1870) écrivit un livre sur les Britanniques qu'il n'aimait pas, Gunnar Heiberg (1857–1929), Nils Kjaer (1870–1924) et Hans E. Kinck (1865–1926) voyagèrent beaucoup sur le continent et publièrent des livres et des articles sur la vie culturelle et les conditions sociales et politiques en France, en Espagne, en Italie et en Allemagne. Heiberg et Kjaer, donnèrent un style spécial au journalisme littéraire et leur oeuvre permit à la fois de voir s'intensifier l'auto-critique dans la presse et d'introduire en Norvège une connaissance approfondie vraiment étonnante du monde extérieur. Un auteur tel que Arne Garborg (1851–1924) représente les deux tendances principales de la littérature norvégienne: écrivain Landsmal venant de la

with the spiritual values of the English Middle Ages. She was unusual in that in a Norway that was either Protestant or Pagan, she became a devout Roman Catholic. Tarjei Vesaas (1897–1970), Johan Borgen (born 1902) and Jens Bjørneboe (born 1920) are also typically 'European' in outlook, and many of their books have been translated. Trygve Gulbrans- en (1894–1962) is likewise well known abroad. Bjørnson, Hamsun and Undset all won the Nobel Prize for literature.

There is another interesting trend in Norwegian literature. After about 1900 a number of authors, describing life and conditions in various parts of the country, did what amounts to a mapping of Norway, both regionally and socially. Johan Falkberget (1879– 1967), Johan Bojer (1872–1959), Peter Egge (1869– 1959), Gabriel Scott (1874–1958) and Olav Duun (1876–1939) are the most important names here, but the line can be followed up to the present day, and seems to be the most stable literary tradition we have.

Sigurd Hoel (1890–1960) and Ronald Fangen (1895–1946) are the most representative names from the period between the two world wars, Fangen as a wide-awake observer of all that took place in the Christian cultural world, and Hoel as editor of Gyldendal's famous 'Yellow Series' of modern authors. It is due to him, and to some of his colleagues at other publishers, that names like Hemingway, Hux- ley, Greene, Faulkner, Wolfe, Dos Passos, Graves, D. H. Lawrence, Steinbeck, Kafka, Malraux and Mann were well known on Norwegian book shop counters in the 1920s and 30s. Many of these novelists were presented in Norwegian with their first books, which shows the sure instinct for talent among the Norwegian litterateurs. In the years since the war, translations have been supplemented by names like Koestler, Mailer, Capote, Henry Miller, Iris Mur- doch, Gunter Grass, Orwell, Waugh, Genet, Kings- ley Amis and T. S. Eliot–to mention a few, and at the same time Norwegian literature in translation has continued to penetrate deeper into other countries.

province de Jaeren (près de Stavanger) la plus sombre et la plus isolée des régions et en même temps, écrivain à l'esprit européen possédant une vaste con- naissance de son époque. Knut Hamsun (1859–1952) prestidigitateur de la langue norvégienne, a été traduit dans presque toutes les langues et, il y a une soixantaine d'années, il n'était pas rare de retrouver des articles à son sujet dans les gazettes russes pro- vinciales. Les romans de Sigrid Undset (1882–1949) s'associent très étroitement aux valeurs spirituelles du moyen âge anglais; la foi catholique intense de cette femme lui conférait une certaine originalité dans un pays qui était protestant ou païen. Tarjei Vesaas (1897–1970), Johan Borgen (né 1902) et Jens Bjørneboe (né 1920) sont aussi de vrais 'européens' par leurs idées et leurs livres ont souvent été traduits. Trygve Gulbranssen (1894–1962) est également bien connu à l'étranger; Bjørnson, Hamsun et Undset ont tous gagné le Prix Nobel de la littérature.

Dans la littérature norvégienne, il y a aussi une autre tendance intéressante. Après 1900 un nombre d'auteurs décrivent la vie et les conditions de plu- sieurs régions du pays et ils ont établi ce qui pourrait se résumer ainsi: une cartographie régionale et sociale de la Norvège. Johan Falkberget (1879–1967), Johan Bojer (1872–1959), Peter Egge (1869–1959), Gabriel Scott (1874–1958) et Olav Duun (1876–1939) sont les noms les plus importants. Leur génie peut être retracé jusqu'à nos jours et semble représenter la tradition littéraire la plus valable que nous possédons.

Sigurd Hoel (1890–1960) et Ronald Fangen (1895 –1946) illustrent le mieux la période s'étendant entre les deux guerres mondiales; Fangen est considéré comme un des observateurs les plus avertis du monde culturel chrétien, et Hoel est connu comme l'éditeur de la célèbre 'série jaune' des auteurs modernes de Gyldendal. C'est grâce à lui, et aussi à certains de ses collègues, que des noms comme: Hemingway, Huxley, Greene, Faulkner, Wolfe, Dos Passos, Graves, D. H. Lawrence, Steinbeck, Kafka, Malraux et Mann figuraient couramment à l'étalage des librairies norvégiennes entre 1920 et 1930. Beaucoup de ces romanciers furent introduits en Norvège dès leur premier livre, ce qui démontre le sens sûr pour le talent que les littérateurs norvégiens possédaient. Depuis la guerre, à ces traductions déjà existantes, on peut ajouter les noms de: Koestler, Mailer, Capote, Henry Miller, Iris Murdoch, Gunter Grass, Orwell, Waugh, Genet, Kingsley Amis et T. S. Eliot–pour n'en mentionner que quelques uns–et en même temps les oeuvres traduites de la littérature norvégienne continuent à s'infiltrer plus profondément dans d'autres pays.

The statue of Bjørnson stands imposingly in front of the National Theatre in Oslo.

L'imposante statue de Bjørnson devant le Théatre National à Oslo.

Art
Les Beaux Arts

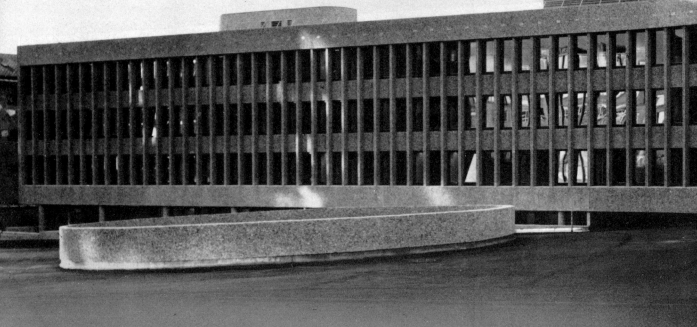

PERHAPS the best way to get acquainted with Norway is to visit the National Gallery in Oslo. The paintings we meet here will take us on a tour of the whole country–from Peder Balke's romantic picture of North Cape, past Axel Revold's sturdy fishermen of Lofoten, August Cappelen's melancholy forests, J.C.Dahl's majestic mountains and Nikolai Astrup's steep cliffs of the West, to Thorvald Erichsen's great painting from Telemark, and Arne Kavli's and Amaldus Nielsen's inviting idylls on the South coast. One important fact will be demonstrated clearly, that feeling for the value of colours and lines in landscape is part of the spiritual heritage of the Norwegian. Even in modern abstract art, it is possible to recognize hues and forms which originate from an observation of nature–the turquoise sea, the green forest, the red barns. What we consider best in Norwegian art has the freshness of open-air painting in it, and it is no coincidence that so many of our schools of art are named after places: Lillehammer, Telemark, Lysaker.

The first works of art we meet in Norway, after the rock carvings of the Stone and Bronze Ages, are the decorative carvings from the Viking Era. Animals and plants are intertwined in these heavily stylized curvilinear designs. We seldom meet human figures until after Christianity came to Norway in the eleventh century, when the human elements appear in their full dimensions. The richest period in church art was between 1100 and 1300. During this time, a series of magnificent crucifixes and statues of saints were made, nearly all carved in wood. Stone carvings were mostly confined to Trondheim Cathedral. Although most of the original statues were destroyed or have disappeared, the remaining ones give us a clear idea of the high standard attained by Norwegian medieval sculptors. They also show the influence from church architecture in England and France. On the carved portals of the stave churches from this period, we see the treatment of Christian themes related to old pagan animal and plant reliefs.

The Gothic style was of great importance for the further development of church art, especially in the altar pieces from the thirteenth century. But pictorial art, together with practically all other activities in Norway, received a fatal blow from the Black Death, and it is not until about 1700 that we find again a genuine native art of significance.

The newly-won independence in 1814 encouraged the expression of a national idealism, but it took years before this had any direct influence on painting. Norway's first great landscape painter from this period, J.C.Dahl (1788–1857) is often, quite rightly, regarded as the discoverer of pictorial motifs in nature. His personal treatment of Norwegian mountain scenes is as Norwegian as it is possible to be, but

VISITER la Galerie Nationale à Oslo, constitu peut-être la meilleure façon de connaître l Norvège. Les tableaux que nous y rencontron nous conduisent à travers tout le pays; depuis l peinture romantique du Cap Nord de Peder Balke en passant par les robustes pêcheurs des Lofoten d'Axel Revold, les forêts mélancoliques d'Augus Cappelen, les montagnes majestueuses de J. C. Dahl les falaises à pic de l'ouest de Nikolai Astrup jusqu'au grands tableaux de Telemark, de Thorvald Erichsen e la nature idyllique de la côte sud de Arne Kavli e d'Amaldus Nielsen. On remarquera d'emblée l'im portance accordée à la couleur et à la ligne d'un paysage et ce trait appartient vraiment à l'héritag spirituel du pays. Même en peinture abstraite, on reconnaitra une teinte ou une forme qui provien d'une observation poussée de la nature: la me turquoise, la forêt verte, la grange rouge. La peintur norvégienne reflète la fraîcheur de la nature et il n'es pas étonnant que la majorité de nos écoles d'art s nomment d'après des endroits comme : Lillehammer Telemark, Lysaker.

Après les dessins rupestres de l'âge de pierre et d l'âge de bronze, les premières oeuvres d'art que nou retrouvons en Norvège sont des ciselures puremen décoratives de l'ère des Vikings. Les animaux et le plantes y sont entrelacés dans ces dessins fortemen stylisés et curvilignes. L'on ne rencontre guère l forme humaine avant l'arrivée du christianisme a onzième siècle, alors que la forme humaine apparait sa grandeur naturelle. C'est entre 1100 et 1300 que s situe la période la plus riche en art religieux. A cett époque, une série de crucifix, de statues et de saint magnifiques furent fabriqués, presque tous ciselés e bois. Les sculptures en pierre étaient réservées pour l plupart à la cathédrale de Trondheim. Bien que l majorité des statues originales ait été détruite ou ai disparu, celles que l'on a pu conserver nous donnen une idée très nette du degré d'excellence atteint pa les sculpteurs norvégiens du moyen âge. Elles nou démontrent également l'influence de l'Angleterre e de la France sur l'architecture religieuse. Sur les portai des églises aux toits étagés datant de cette époque on retrouve des thèmes chrétiens traités à la faço des anciens reliefs païens dépeignant les animaux et le plantes.

L'importance du style gothique dans l'art religieu se retrouve surtout dans les ornements d'autel d treizième siècle. Cependant, l'épidémie de pest détruisit à peu près toute forme d'activité et il fau attendre 1700 pour retouver des oeuvres artistique indigènes d'une signification réelle.

L'indépendance récemment acquise de 1814 en couragea l'expression d'un idéalisme national, mai il a fallu plusieurs années avant qu'elle n'exerce un influence directe sur la peinture. Le premier gran

t is typical of the poverty in Norwegian art life at his time that he was educated in Copenhagen, and vas professor at the Dresden Academy from 1818 ntil his death. He travelled extensively in Norway nd made many sketches, but his monumental aintings were created in his studio in Germany.

More consciously national in their outlook were Adolph Tidemand (1814–1876) and Hans Gude 1825–1903), the most prominent representatives in candinavia of the so-called Dusseldorf school. They vere strongly attracted by literary and narrative hemes, but even if one finds them slightly sentimenal today, it would be unjust not to admire the freshess in their landscapes and their accuracy of detail. hey are important in that they recorded the tradiional rural culture of Norway, which by then was lready in decline. August Cappelen's (1827–1852) reat forest and waterfall pictures express another ide of the romantic movement: the tragically rientated, or what came to be known as 'Weltchmerz'.

The influence from the Dusseldorf school ended bout 1870. What followed was not a native Norvegian school, but another German art centre–Munich–and later, Paris. During their stay in Munich, the young Norwegian painters studied the Old Masters, but they also developed their own talent or observation and began to find motifs in their own ountry and their own national history. The leading

paysagiste norvégien de cette période, J. C. Dahl (1788–1857) est souvent considéré, et à juste titre, comme le découvreur de motifs de la nature pour la peinture. Sa façon subjective de traiter les paysages de montagnes est très norvégienne, mais il est aussi typique que la pauvreté de la vie artistique à l'époque l'ait contraint à étudier à Copenhague; il devint professeur à l'Académie de Dresden à partir de 1888 jusqu'à sa mort. Il voyageait beaucoup en Norvège et pendant ses randonnées dessinait des croquis, mais ses tableaux principaux furent créés dans son atelier en Allemagne.

Adolph Tidemand (1814–1876) et Hans Gude (1825–1903), les représentants scandinaves les plus éminents de l'école dite de Dusseldorf, affichaient un nationalisme beaucoup plus conscient dans leurs perspectives. Ils avaient un grand penchant pour les thèmes littéraires et narratifs, et, même si on les trouve un peu sentimentaux à notre époque, il serait injuste de ne pas admirer la fraîcheur de leurs paysages et la fidélité du détail. Ces peintres sont importants parce qu'ils ont fixé pour la postérité, la traditionelle culture rurale de la Norvège qui était déjà en déclin à cette période. Les célèbres tableaux de forêts et de cascades d'August Cappelen (1827–1852) illustrent une autre phase du mouvement romantique: celle d'une orientation tragique et qui, par la suite fut appelée 'Weltschmerz'.

L'influence de l'école de Dusseldorf se termina vers

Gustav Vigeland sculptures in
the Frogner Park — a unique
achievement but opinions
remain divided about it.

Les sculptures de Gustav
Vigeland dans le Parc Frogner:
une réalisation exceptionnelle
mais qui demeure très
controversée.

ames in this group are Eilif Peterssen (1852–1928), rik Werenskiold (1855–1938) and Harriet Backer 845–1932). Peterssen is the most eminent historical ainter in Norway, Werenskiold is most famous for is illustrations of Norwegian folk tales and Snorre's *agas of the Kings,* and as a portrait painter, and Iarriet Backer is one of the country's very best olourists, with a highly developed sense of light-ffect. 'The colours must sing', she used to say, and her old churches, farm interiors and still-lives they eally do.

In the 1880s, visual art in Norway became politi-ally involved and controversial. The artists, led by Werenskiold, Christian Krohg (1852–1925) and rits Thaulow (1847–1906), demanded more self-ule and more direct influence in matters concerning rt, and they also began to use their art as a weapon in he social and political struggle. 'Tendentious art' vas born there and then. Its leading name was Christian Krohg, who took part with great fervour the current debate with his paintings of seam-tresses and prostitutes in Christiania. But the real evolutionary in Norwegian art was to be a man ractically without political and social interests– dvard Munch (1863–1944).

By artistic simplification and accentuation of line nd form, and by a colour scheme chosen more for its sychological impact than for accurate representa-ion of the object, Munch tried to reach a concen-rated expression of his spiritual experience. Love and eath are his two main themes, both treated with the mphasis on the tragic, and he dwells often on the onflicting aspects of the relationship between man nd woman. Munch met with violent indignation vhen he first exhibited in Norway, and the lack of nderstanding he encountered made him sensitive nd bitter for a long time. After the 'blue period' of he 1890s–which he shared with many other Nor-vegian painters–his palette became warmer and icher, and in the large canvases in the University Aula, painted between 1910 and 1916, the colours are ibrant with an intense lightness. He bequeathed early all his unsold works to the municipality of Oslo, and they are now on exhibition in the specially uilt Munch Museum.

The genius of Munch should not overshadow the nany distinctive painters of his time–Harald Sohl-erg (1869–1935) with his mountain landscapes and he strong suggestion of pantheism; Nikolai Astrup 1880–1928), who could conjure up such spellbind-ng beauty from the rugged landscapes of the Western oast; Thorvald Erichsen (1868–1939), who has been alled the Bonnard of the North, while it is equally ight to call Bonnard the Thorvald Erichsen of rance; Ludvig Karsten (1876–1926), with his owerful colours; and Henrik Lund (1876–1935), the

1870. Ce qui suivit ne fut pas une école indigène en Norvège mais un autre centre des beaux arts alle-mand–Munich, et plus tard, Paris. Pendant leur séjour à Munich, les jeunes peintres norvégiens étudiaient les grands maîtres mais ils développaient également leur propre talent d'observation et com-mencèrent à s'inspirer de leur propre pays et de leur histoire nationale. Les noms les plus célèbres de ce groupe sont ceux de Eilif Peterssen (1852–1928), Erik Werenskiold (1855–1938) et Harriet Backer (1845–1932). Peterssen est le peintre historique le plus éminent en Norvège, Werenskiold est célèbre pour ses illustrations du folklore norvégien et des *Sagas des Rois* de Snorre; il est également portraitiste. Harriet Backer est l'une des meilleures coloristes, possédant un sens très développé de la lumière. 'Les couleurs doivent chanter' disait-elle, et dans ses vieilles églises, ses intérieurs de ferme et ses natures mortes, elle y parvient vraiment.

En 1880 la politique s'infiltra dans l'art visuel qui devint sujet à controverses. Les artistes, menés par Werenskiold, Christian Krohg (1852–1925) et Frits Thaulow (1847–1906), demandaient plus d'auto-nomie et d'influence directe en ce qui concerne l'art et ils commencèrent à l'utiliser comme arme dans la lutte socio-politique. L'art tendancieux naissait sans plus attendre. Son chef de file fut Christian Krohg, et c'est grâce à ses peintures de midinettes et de prosti-tuées de Christiana qu'il prit part avec grand en-thousiasme aux débats de l'époque. Mais le vrai révolutionnaire de l'art norvégien allait être un homme pratiquement sans intérêts politico-sociaux: Edvard Munch (1863–1944).

Par une simplification et une accentuation artisti-que de la ligne et de la forme, et par un arrangement de couleurs choisi plutôt pour son impact psychologique que pour la représentation exacte de l'odject, Munch essaya d'atteindre la perfection qu'il avait acquise par son expérience spirituelle. L'amour et la mort sont ses deux thèmes principaux; ces deux thèmes, il les traita en accentuant le tragique et souvent, il fit ressortir les aspects incompatibles des relations entre l'homme et la femme. Munch dut faire face à de violentes critiques lorsqu'il exposa pour la première fois en Norvège, et ce manque de com-préhension le rendit longtemps sensible et amer. Après la 'période bleue' de 1890 qu'il partagea avec plusieurs autres peintres norvégiens sa palette devint plus chaude et plus riche et les grandes toiles qui décorent l'Aula de l'Université à Oslo ont des couleurs vibrantes d'une très grande clarté. Toutes ses toiles invendues, il les légua à la municipalité d'Oslo et elles sont maintenant exposées au Musée Munch, spécialement construit à cet effet.

Le génie de Munch, ne doit pas pour autant éclipser les autres peintres de la même époque. Harald

More Vigeland sculptures. The Frogner Park was virtually created by Vigeland and contains approximately 150 examples of his work.

Sculptures de Vigeland. Le Parc Frogner a été pour ainsi dire créé par Vigeland et comporte environ 150 spécimens de son œuvre.

portrayer of so many famous men and women of his time.

A memorable year in the history of Norwegian art was 1908, when a whole generation of young Norwegian—and other Scandinavian—artists discovered Henri Matisse's studio in Paris. Through his inspired teaching, they came into close contact with radical and creative currents in European art. The best known of his pupils were Jean Heiberg (born 1884), Henrik Sørensen (1882–1962), Axel Revold (1887–1962) and Per Krohg (1889–1965)–the last was the son of Christian Krohg. Revold and Krohg, together with Alf Rolfsen (born 1895) and Hugo Lous Mohr (born 1889), have been nick-named 'The Brothers Al Fresco'. They have made their greatest contribution in the field of mural decorative work on many different public buildings, and in their recordings of Norwegian history, nature and working life. We find this in its most concentrated form in the Town Hall of Oslo. The vast paintings there can

Sohlberg (1869–1935) avec ses paysages de mon tagnes empreints d'une forte suggestion de pan théisme, Nikolai Astrup (1880–1928) qui pouvai évoquer la beauté envoûtante des paysages accidenté de la côte ouest; Thorvald Erichsen (1868–1939) qu l'on nomma le Bonnard du Nord et, inversement, i est aussi juste d'appeler Bonnard, le Thorvald Erich sen de France; Ludvig Karsten (1876–1926), avec se couleurs vives, et Henrik Lund (1876–1935) l portraitiste de tant d'hommes et de femmes célèbre de l'époque.

L'année 1908 fut mémorable dans l'histoire de l'ar norvégien, lorsque toute la jeune génération nor végienne et scandinave découvrirent le studio d'Henr Matisse à Paris. Inspirés par son enseignement, ils s rapprochèrent des tendances radicales et créatrices d l'art européen. Les plus connus de ses élèves furen Jean Heiberg (né 1884), Henrik Sørensen (1882– 1962), Axel Revold et Per Krohg (1889–1965). C dernier était le fils de Christian Krohg. Revold e

be read as the Story Book of Norway.

In the twenty years between the two world wars, painting in Norway showed an inclination to absorb more and more of the 'isms' of Europe. At the same time the art of social protest recalled the vehement discussions that had taken place forty years earlier. Reidar Aulie (born 1904), Willi Midelfart (born 1904) and Arne Ekeland (born 1908) were passionate participants in social and political activities. From 1933 they were especially concerned with the threat from Nazi Germany, and later with the Civil War in Spain. A more romantic attitude, influenced by formal experiments in other countries, can be seen in Kai Fjell's (born 1907) works, and to a lesser degree in Harald Kihle (born 1905) and Erling Enger (born 1899). Cubism has made its mark on Aage Storstein (born 1900), among others, and a whole group of even younger painters, making their debut in the late 1930s have been under the guidance of the Danish professor of art, Georg Jacobsen, and his firm

Krohg, avec Alf Rolfsen (né 1895) et Hugo Lous Mohr (né 1889) ont été surnommés 'Les Frères Al Fresco'; leur plus grande contribution se retrouve dans les décors muraux de beaucoup d'édifices publics décors qui reproduisent l'histoire, la nature et la vie norvégiennes. Ces vastes fresques représentent vraiment 'le livre d'histoire' de la Norvège, et les plus intéressantes se trouvent dans le Hall de la Mairie d'Oslo. Durant les vingt années qui séparèrent les deux guerres, la peinture norvégienne eut tendance à s'incliner de plus en plus vers les 'ismes' de l'Europe. En même temps, les polémiques sur l'art rappelaient les discussions qui avaient eu lieu il y a quarante ans. Reidar Aulie (né 1904), Willi Midelfart (né 1904) et Arne Ekeland (né 1908) participaient avec enthousiasme aux activités sociales et politiques. Dès 1933, ils furent spécialement préoccupés par la menace du nazisme germanique et plus tard, par la guerre civile d'Espagne. Une attitude beaucoup plus romantique, influencée par

A magnificent mural by Per Krohg in the Oslo Town Hall.

Une magnifique murale exécutée par Per Krohg à l'Hôtel de Ville d'Oslo.

principles of composition. Another influential figure has been the German immigrant artist Rolf Nesch (born 1893), most renowned for his graphic works and his strongly imaginative 'material pictures'. Sigurd Winge (1909–1970) is also well known for his graphic works–he learned much from Nesch.

During the last war, official art in Norway was paralyzed by the Nazis. The Quisling regime 'purged' public galleries, and took control of the art schools. Illegal schools came into existence, and behind closed doors an underground art life continued to work and experiment. How grotesque it seems today, that instruction in the use of brush and palette could ever be an activity threatened by persecution from a band of criminals. And at the same time, how consoling to remember that art and intellectual life had their place in the struggle for political freedom.

Painting since the war has naturally been strongly affected by international developments and movements, like abstract expressionism, pop art, op art, constructionism and new realism. Among the most important names are Jakob Weidemann (born 1923), Gunnar S. Gundersen (born 1921), Thore Heramb (born 1916), and Knut Rumohr (born 1916). Most of these share an inherited Norwegian characteristic: their feeling for nature–this mystical consanguinity with one's origin and environment which runs like a red thread through Norwegian art, from the carvings of the Viking Age and the stave churches, J. C. Dahl's accounts of the mountains and Werenskiold's portraits of trolls and princesses, to Weidemann's abstraction of the secret life in a forest.

Economic circumstances, and not lack of talent, are the main reasons for the scarcity of Norwegian sculptures right up to the middle of the 1800s. The newly independent country could just manage to support a modest pictorial art, but sculpture, apart from some cast iron reliefs on stoves, very few people could afford. Consequently there were few sculptors in the last century, but those who appeared were very talented. Julius Middelthun (1820–1886), Brynjulf Bergslien (1830–1898), and Stephan Sinding (1846–1922) produced fine works of art, stamped with their own personalities, but not until the arrival of Gustav Vigeland (1869–1943) did sculpture find a real home in Norway.

Vigeland was only six years younger than Munch. They belonged to the same generation, and also had other things in common: poverty in their first years as artists, lack of understanding from their fellow countrymen, for a while even a mistress. But in fact their careers followed very different patterns. Munch was accepted, then admired and finally even popular as an artist, while Vigeland made his breakthrough

des expériences formelles venant d'autres pays, peut être vue dans les peintures de Kai Fjell (né 1907) et à un moindre degré, chez Harald Kihle (né 1905) et Erling Enger (né 1899). Le cubisme a influencé Aage Storstein (né 1900) parmi tant d'autres, et un groupe de jeunes peintres débutant vers la fin des années 30 a été dirigé par Georg Jacobsen, professeur danois connu pour ses principes rigoureux sur la composition. Un autre personnage influent a été l'artiste allemand immigrant Rolf Nesch (né 1893) rendu célèbre par ses oeuvres graphiques et par ses sujets concrets très imaginatifs. Sigurd Winge (1909–1970) est aussi très connu pour ses oeuvres graphiques. Il apprit beaucoup de Nesch.

Pendant la dernière guerre en Norvège, l'art officiel fut paralysé par le nazisme. Le régime de Quisling 'purgea' toutes les galeries publiques et prit contrôle de l'Ecole des Beaux Arts. Des écoles interdites se formèrent en cachette et la vie artistique se poursuivit. Aujourd'hui il semble inadmissible que l'art du pinceau et de la palette ait pu à ce point souffrir à cause d'une bande de criminels. Mais en même temps, combien il est réconfortant de se souvenir à quel point la vie artistique et intellectuelle a contribué à la lutte pour la liberté politique.

Depuis la guerre, la peinture a naturellement été très influencée par des tendances et des développements internationaux tels que: l'expressionisme abstrait, l'art pop, l'art op, et le néo-réalisme. Parmi les noms les plus importants il y a Jakob Weidemann (né 1923), Gunnar S. Gundersen (né 1921), Thore Heramb (né 1916) et Knut Rumohr (né 1916). La plupart partage un trait héréditaire caractéristique: leur sensibilité pour la nature. Cette consanguinité mystique émanant de leur origine et de leur environnement, revient comme un leitmotiv dans tout l'art norvégien, depuis les sculptures de l'ère Viking et les églises aux toits étagés, les récits sur les montagnes de J. C. Dahl, les portraits de trolls et de princesses jusqu'à la vie secrète de la forêt dont Weidemann nous donne l'idée abstraite et authentique.

Les circonstances économiques et non pas un manque de talent, sont les raisons principales de la rareté des sculptures norvégiennes jusqu'au milieu du dix-neuvième siècle. Le nouvel état indépendant pouvait tout juste arriver à maintenir un art modeste. Très peu de gens pouvaient se permettre de posséder des sculptures à part quelques reliefs en fonte sur les cuisinières donc, au siècle dernier, il y eut très peu de sculpteurs, mais ceux qui émergèrent étaient très doués comme Julius Middelthun (1820–1886), Brynjulf Bergslien (1830–1898) et Stephan Sinding (1846–1922) et produisirent de très belles oeuvres empreintes de leur propre personnalité. Toutefois, ce n'est pas

relatively early, was carried forward on a wave of enthusiasm, but later encountered coldness, adverse criticism and, from some quarters, even hostility. Near the turn of the century he made a series of uniquely perceptive portrait busts, of Henrik Ibsen, Arne Garborg, Fridtjof Nansen, Carl Naerup, Jonas Lie and others. As early as the 1890s, he had the idea for his life's work–the fountain plan, and after the municipality of Oslo had bought it in 1908, his most productive period began. The original fountain grew to a whole park, with separate groups of sculptures, including the 50-foot monolith, a heavy bridge and an enormous gate. The Vigeland Sculpture Park has always challenged people's opinions, and not a few have regretted that the ascetic and lean bronze figures from his earlier days have changed into heavy and massive granite shapes. The park today, with Vigeland's works everywhere, is something exceptional, and it is up to the spectator to decide what to think of it.

avant l'arrivée de Gustav Vigeland (1869–1943) que la sculpture fut vraiment établie en Norvège.

Vigeland n'avait que six ans de moins que Munch. Ils appartenaient tous deux à la même génération, et avaient beaucoup de choses en commun: la pauvreté pendant leurs premières années d'artistes, et pour un certain temps, le manque de compréhension de la part de leurs compatriotes et même une maîtresse. Mais, en fait, leur carrière s'avéra très différente. Munch fut accepté, puis admiré et finalement, devint même populaire alors que Vigeland perça relativement tôt, fut porté en triomphe, mais plus tard n'essuya que de la froideur, une critique adverse et de quelques clans même, de l'hostilité. Vers la fin du siècle, il fit des séries de bustes remarquables d'Henrik Ibsen, d'Arne Garborg, de Fridtjof Nansen, de Carl Naerup, de Jonas Lie et aussi de bien d'autres. Dès 1890, il avait conçu l'idée de l'oeuvre principale de sa vie–un plan de fontaine–et après l'achat de ce projet par la Municipalité d'Oslo en 1908, sa période la plus

Right, the Henie-Onstad Collection (donated by the famous skater and her husband) just outside Oslo is the greatest private art collection ever given to the nation. It is the result of discriminating buying over many years, and covers most of the modern art movements from Munch and Matisse to Paul Klee, Max Ernst, Picasso and Jacob Weidemann. *Far right*, wall painting by Munch in the Aula, Oslo University.

A droite, la collection Henie-Onstad donnée par la célèbre patineuse et son mari, à proximité d'Oslo, constitue la plus importante collection d'art privée qui ait jamais été offerte à la nation. Elle est le résultat d'achats judicieux sur une période de plusieurs années et couvre la plupart des mouvements artistiques modernes de Munch et Matisse à Paul Klee, Max Ernst, Picasso et Jacob Weidemann. *Extrême droite*, murale de Munch dans l'Aula, l'Université d'Oslo.

It was not easy for other sculptors to attract attention in such company as Vigeland's. One of the few who made his own mark was Wilhelm Rasmussen (1879–1965), from 1921 professor at the Academy of Arts. Round him a whole generation of younger sculptors gathered. Here we meet names like Emil Lie (born 1897), who received his education in France, Gunnar Janson (born 1901), Stinius Fredriksen (born 1902), Dyre Vaa (born 1903), Nic. Schiøll (born 1901), Ørnulf Bast (born 1907) and Anne Grimdalen (1899–1961). For some of these, and many more after them, the Trondheim Cathedral was both school and workshop. The restoration of the church building has included decorating the West front with numerous statues of saints, and many Norwegian sculptors have spent their formative years here–some of them even portrayed each other in the statues.

The next great collective task was the Town Hall of Oslo, where a long series of sculptors are represented. In addition to those mentioned above, we have here

féconde débuta. Ce qui devait être une fontaine, devenait un parc entier avec des groupes isolés de sculptures, y compris un monolithe de cinquante pieds de hauteur, un pont et un énorme portail. Le Parc Vigeland a toujours provoqué des discussions et beaucoup regrettent que les formes en bronze décharnées et ascétiques qui datent de ses débuts, se soient changées en de grosses pièces lourdes de granit. Jonché de ses oeuvres, le parc actuel est quelque chose d'exceptionnel et on laisse au spectateur le soin de se former une opinion.

Avec Vigeland comme contemporain, il n'était pas facile de faire valoir ses dons. Une des rares personnes qui connut le succès fut Wilhelm Rasmussen (1879–1965) qui à partir de 1921 devint professeur à l'Académie des Beaux Arts. Autour de lui se groupa toute une génération de sculpteurs beaucoup plus jeunes. C'est ici que nous rencontrons les noms de: Emil Lie (né 1897) qui fit études en France, Gunnar Janson (né 1901), Stinius Frederiksen (né 1902),

Per Palle Storm (born 1910), Joseph Grimeland (born 1910), Per Hurum (born 1910) and Nils Flakstad (born 1907). Since the last war, the numerous memorials and monuments erected have offered new opportunities to the sculptors. It has become a tradition that nearly all public buildings – and a great many private ones – have a suitable and worthy artistic embellishment. Government, municipalities and private firms have played their parts as patrons of art, and have made possible a rich artistic life. What is even more important, is that people are directly interested in this. The art life in Norway is not something remote or isolated from the daily life of ordinary people – on the contrary, Norwegians are facing it everywhere, and most Norwegians have firm opinions about it.

In the last few years, sculpture in Norway has searched for new ways, inspired by abstract European and American art. Arnold Haukeland (born 1920) aroused animosity, curiosity, controversy and, lately, admiration with his great abstract steel composition

Dyre Vaa (né 1903), Nic Schiøll (né 1901), Ørnulf Bast (né 1907) et Anne Grimdalen (1899–1961). Pour quelques uns d'entre eux et bien d'autres de leurs successeurs, la cathédrale de Trondheim servit à la fois d'école et d'atelier. La restauration de l'église comporta la décoration de la façade ouest avec beaucoup de statues de saints et bien des sculpteurs norvégiens y ont passé leurs années de formation. Quelques uns d'entre eux, ont même fait ressortir dans leurs statues les portraits de leurs contemporains.

La prochaine grande tâche collective fut celle de l'hôtel de ville à Oslo où l'on peut voir l'empreinte personnelle de tous les sculpteurs. En plus de ceux déjà mentionnés ci-dessus, citons: Per Palle Storm (né 1910), Joseph Grimeland (né 1910), Per Hurum (né 1910) et Nils Flakstad (né 1907). Depuis la dernière guerre, l'érection de plusieurs monuments commémoratifs a donné à ces sculpteurs l'occasion de prouver leur talent. C'est devenu une tradition pour beaucoup d'édifices publics et privés

utside the university building at Blindern in Oslo, nd at the Strandpromenaden. A number of young xperimental artists are now moving in the same lirection.

eft, *Girls from Telemark* by ik Werenskiold. *Right*, an nglish painter's view of orway. Keith Grant was given Norwegian Government grant hich enabled him to travel in orway; his paintings show at the landscape has a firm ip on him, and Norwegians el that he has taught them omething about their own ountry.

A gauche, Jeunes Filles de Telemark, par Erik Werenskiold. *A droite*, la Norvège vue par un peintre Anglais. Keith Grant a reçu du Gouvernement Norvégien une subvention qui lui a permis de parcourir la Norvège; fortement influencée par le paysage, sa peinture a même appris aux Norvégiens à connaître certains aspects de leur propre pays.

d'acquérir un ornement convenable, à la fois digne et artistique. Le gouvernement, les municipalités et les compagnies privées ont joué et jouent encore le rôle de mécènes et ont rendu possible la réalisation d'une vie artistique riche. Ce qui est encore bien plus important, c'est que la population y prenne un intérêt direct. La vie des Beaux Arts en Norvège n'est pas quelque chose d'isolé ou d'éloigné de la vie quotidienne; au contraire, les Norvégiens la retrouvent partout en face d'eux, et la plupart d'entre eux en ont une opinion très arrêtée.

En Norvège, ces dernières années, la sculpture a cherché de nouvelles formes en s'inspirant de l'art abstrait européen et américain. Arnold Haukeland (né 1920) provoqua d'abord de l'animosité, de la curiosité et aussi une certaine polémique puis, récemment de l'admiration lorsqu'il composa son énorme pièce abstraite en acier qui se trouve devant l'Université à Blindern dans Oslo et aussi sur la Strandpromenaden. Un bon nombre de jeunes artistes novices s'orientent actuellement dans la même direction.

Knut Sten's whaling monument in Sandefjord is a tribute to the bravery of earlier days. The monument revolves in a complete circle every twenty-four hours.

Le monument de la pêche à la baleine de Knut Sten à Sandefjord rend hommage à la bravoure d'autrefois. Le monument exerce une rotation complète sur lui-même toutes les 24 heures.

Around the Coast
Les Régions Côtières

Two faces of Oslo —
Frognerseteren at night, *opposite
page*, and the Town Hall, with
the statue of Tordenskiold, the
sea hero.

Previous page, Lillesand grew up
around a small natural port, like
many other towns on the South
coast. It played an important
part in the era of sailing ships
with no less than six shipbuilding yards. The town
architecture still bears witness
to these patrician times with a
number of beautifully preserved
period houses.

Deux facettes d'Oslo —
Frognerseteren la nuit, *en face*,
et l'Hôtel de Ville avec la statue
de Tordenskiold, héros de la mer.

Page précédente, Lillesand s'est
bâtie autour d'un petit port
naturel comme beaucoup
d'autres villes de la côte Sud.
Avec ses six chantiers navals,
elle jouait un rôle important à
l'époque de la navigation à
voile. L'architecture de la ville
témoigne de cette période de
grandeur et on peut encore
admirer un certain nombre de
magnifiques maisons d'époque
très bien conservées.

ABOUT forty per cent of Norway's population live in towns. They did not do that a hundred years ago. The growth of the towns since then has been tremendous, and Oslo especially has felt the pressure from immigrants. Other towns with a strong industrializing tendency have been subject to the same influence. Where house-building has been extensive, the new towns have acquired a certain standardization in appearance, but the old central parts still retain their distinctive architectural styles.

People must have lived around the Oslofjord for more than seven thousand years. The foundation year of the capital is put at 1048 as a matter of convenience, but we are certain that there was a market-place and some dwellings here long before that. We also know that it became the see of a bishop between 1100 and 1200. Some of the old ruins can still be seen in the old town, in what was the original Oslo, destroyed in the great fire of 1624. After that catastrophe it was decided to rebuild the town, on the west side of the Aker river, where it would be situated under the protective walls of Akershus Castle. The new town was named Christiania after the king, but the name was changed back again to Oslo in 1924.

Nothing much is left of the old buildings. The oldest house can be seen at the top of Radhusgaten. Since it was built in 1626, it has been a private home, a library, a hospital, a library again, the residence of the Vice-Regent, a municipal office and now the

EN Norvège, environ quarante pour-cent de la population habite la ville. Il n'en était pas ainsi il y a cent ans. Depuis, la croissance des villes a été énorme et Oslo surtout a senti l'influence des immigrés. D'autres villes à forte tendance industrielle ont subi cette même influence. Là où la construction des maisons a pris de l'ampleur, les nouvelles villes ont acquis, en apparence, une certaine standardisation, mais les vieux quartiers du centre conservent toujours leur cachet architectural.

On pense que les fjords d'Oslo étaient déjà habités il y a sept mille ans. La capitale dut être fondée en l'an 1084–date fixée par commodité, mais il est certain qu'il y existait un marché et quelques habitations bien avant cette date là. On sait également qu'elle devint entre 1100 et 1200 un siège épiscopal. On peut toujours voir quelques unes de ces anciennes ruines dans la vieille ville, dans ce qui était l'Oslo d'origine détruit par le grand incendie de 1624. Après cette catastrophe on décida de reconstruire la ville sur la rive gauche de la rivière Aker la plaçant ainsi sous la protection des murs du château Akerhus. La nouvelle ville fut nommée Christiania d'après le roi, mais en 1924, elle fut rebaptisée Oslo.

Il ne reste pas grand chose des vieux bâtiments. On peut voir la plus vieille habitation au sommet de Radhusgaten. Depuis sa construction en 1626, elle a servi de résidence privée, de bibliothèque, de clinique et à nouveau de bibliothèque, de résidence pour le

home of an art society. Our Saviour's Church, or Oslo Cathedral, was built in 1697. The office building belonging to the ship owner Fred. Olsen & Co., dates from 1710. In some places in the old town, in a few alleyways off Markveien, and along the old main road, Fredensborgveien, there are still clusters of old houses–old, in the case of Oslo, meaning from the first half of the last century.

In spite of the fact that so many of the inhabitants are first or second generation immigrants from the countryside, a certain atmosphere of intimacy is still prevalent in Oslo. The town has a total area of 175 square miles, and close to half a million people live here, but the important features in it are still something with which everyone feels a personal relationship. For the Oslo people the Town Hall is 'our' Town Hall, as it is 'our' Palace, 'our' Holmenkoll and Frognerpark and Stortorv and Tordenskjold-statue. Good old-fashioned market days with vegetables, fruit and flowers still take place in the heart of the city, the Town Hall is a place where everyone has business with local authorities, in the Frognerpark there is a public swimming pool next to the Vigeland sculptures, Nordmarka is the playground and place of exercise for all, and the Royal Palace is not shut off behind a high fence–on the contrary, the morning and afternoon rush hours pass close by it.

vice-roi, et ensuite de bureau municipal; actuellement elle est le siège d'une société des Beaux Arts L'église 'Notre Sauveur', c'est à dire la cathédrale d'Oslo, fut bâtie en 1697. Les bureaux appartenant à l'armateur Fred Olsen et Compagnie datent de 1710 Dans quelques parties de la vieille ville, et dans quelques unes des ruelles partant de Markveien et longeant l'ancienne route principale, Fredensborgveien, il existe encore de petits groupes de vieilles demeures–vieilles pour Oslo, puisqu'elles datent de la première moitié du siècle dernier.

Bien que beaucoup de ses habitants soient des immigrés ruraux de la première et de la deuxième génération, il règne quand même à Oslo une certaine atmosphère d'intimité. La ville a une superficie totale de 175 milles carrés (453 kms carrés) et près d'un million d'habitants. Néanmoins les caractéristiques importantes que l'on y rencontre représentent toujours quelque chose et chacun peut s'y sentir intimement lié. Pour les gens d'Oslo, l'hôtel de ville est 'notre hôtel de ville' comme c'est 'notre' Palais, 'notre' Holmenkollen, 'notre' Frognerpark, 'notre' Stortorv et 'notre' Tordenskjoldstatue. Les bons vieux jours du marché aux légumes, fruits et fleurs, ont toujours eu lieu au centre de la cité; l'hôtel de ville est l'endroit où tout le monde a affaire avec les autorités, au Frognerpark il y a une piscine

This page, eggs, flowers, vegetables for sale beneath awnings and umbrella shades on Oslo market days. *Opposite,* Fevik is a typical South coast hamlet. A summer paradise, it has escaped the rigours of town-planning and developed of its own free will in a charmingly haphazard way.

Ici, jour de marché à Oslo: étalages d'œufs, de fleurs, de légumes sous les auvents et les ombrelles. *En face,* Fevik, petit hameau typique de la côte Sud. Paradis estival, il a réussi à échapper à tout effort d'urbanisation et s'est développé pêle-mêle de façon charmante.

Norway has no colonies in foreign parts, but Norwegian shipping amounts to a floating empire without boundaries, and for many years Norwegian whaling was a local activity on the other side of the globe. The home town of whaling was Sandefjord. It contains about six thousand people, but was the biggest in the world when it came to catching the biggest animal in the world. Today Antarctic whaling is practically a thing of the past, but the whaling monument by Knut Sten, showing a scene from the old-fashioned and dangerous 'Moby Dick' method, is still the symbol of the town. Tönsberg, the home town of Svend Foyn, who invented the explosive harpoon, was also an important whaling centre.

The stretch from the Oslofjord over to Jaeren is the most idyllic part of Norway, and the home of smiling coastal towns. The name Sørlandet – The South Land – should, strictly speaking, be used only about the coastline between Oksenfjord in the east and Åna-Sira in the west. In the old days, before people's way of talking was influenced by radio and TV, and before they moved around so much, those in the know could tell where a man came from, within a few miles. The degree of softness in his consonants, and the strength of the burr in his r's betrayed him as a 'sørlending' – a 'South Lander'.

The small fishing port, Åna-Sira, with about three

publique côtoyant les sculptures de Vigeland, Nordmarka est le terrain de récréation et d'exercice pour tous; même le Palais Royal ne se trouve pas enfermé derrière de hautes murailles; au contraire, aux heures d'affluence, le matin et le soir, on peut voir les passants l'approcher de très près.

La Norvège n'a pas de colonies mais en somme, sa flotte maritime équivaut à un empire flottant sans frontières et pendant plusieurs années, la pêche à la baleine, tout en étant pratiquée de l'autre côté du globe, était une activité locale. Le port d'attache de l'industrie baleinière se situait à Sandefjord. La ville contenait environ six mille âmes mais elle était la plus importante dans le monde lorsqu'il s'agissait d'attraper le plus gros animal du monde. Aujourd'hui la pêche à la baleine de l'Antarctique appartient pratiquement au passé, mais le monument à la baleine de Knut Sten, illustrant une scène de la vieille et dangereuse méthode dite de 'Moby Dick', est toujours le symbole de la ville.

La partie qui s'étend de l'Oslofjord jusqu'à Jaeren est la région la plus idyllique de la Norvège et en même temps le site de villes côtières souriantes. Le nom de Sørlandet – terre du sud – devrait à vrai dire ne s'appliquer qu'à la côte entre Oksenfjord, à l'est, et Åna-Sira, à l'ouest. A l'époque où les gens n'étaient pas influencés par la TV et la radio dans leur façon de

hundred inhabitants, is at the very edge of Sørlandet. To the west lies Rogaland, which again turns into Vestlandet, and here, on the corner of Norway, lies Stavanger, the fourth biggest town, with 53,000 people.

Stavanger is one of the oldest towns in the country. It is mentioned in Snorre's *Sagas of the Kings* in 1128, and was already then the seat of a bishop. The oldest part of the cathedral dates from the first half of the thirteenth century. As an important trade centre and shipping town, it became a place of great economic significance, and in the last century it probably had a greater growth than any other town in the country. In Kielland's novels we can read about life around the herring fisheries. When the herring disappeared, around 1880, the place was hard hit. The expansion in the canning industry, and later in shipbuilding, has again made Stavanger an economically important town, and there is something sympathetic and symbolic in the placing of the Kielland statue: the great author's monument stands in front of Bjelland House, headquarters of the most important canning concern and named after the pioneer in the Norwegian canning industry.

The name of Haugesund was known as early as the time of King Harald Hårfagre, as a place of safe harbour, but it became a town in the real sense of the word only a hundred years ago. Even in 1837 only 90 people lived here, and in 1855 1,000. Today Haugesund has a population of 20,000, and a particularly large merchant fleet. It is also an important centre for the fishing industry, and for a widespread network of local communications. The statue of two sturdy fishermen in the market square is symbolic for Haugesund – they are looking for the herring. In the high season over twenty thousand fishermen gather here.

Bergen, with near to 120,000 inhabitants, was the City Royal of Norway from about 1150 to 1300, and still considers itself as something more than a big provincial town. Local patriotism is regarded as being stronger here than anywhere else. Bergen is renowned for its festival and famous for its rain. With an average of two hundred rainy days a year, it is about the wettest place in Norway. Another source of fame is the quick repartee of the 'tjuagutt', the Bergen ragamuffin.

Architecturally speaking, it is a most interesting town. The great wide avenues are constructed in order to limit the destruction caused by fire, and this has indeed proved necessary, for Bergen has regularly been exposed to catastrophic fires. When houses are burning and at the same time a full storm is blowing, the flames have been known to reach across streets more than forty metres wide. In spite of many mishaps, a great part of the famous 'brygge' – the wharf –

parler et avant qu'ils ne se déplacent beaucoup, les initiés pouvaient deviner, à quelques kilomètres près, de quelle région telle personne était originaire. Le degré de douceur de ses consonnes et le grasseyement dans sa voix le trahissaient et l'on savait que s'était un 'Sørlending' – un homme du sud.

Åna-Sira, petit port de pêche d'environ trois cents habitants est situé tout à fait à la limite de Sørlandet. A l'ouest se trouve Rogaland et plus loin le Vestlandet et, ici, à l'extrémité de la Norvège se trouve Stavanger, la quatrième ville avec ses 53,000 habitants.

Stavanger est une des plus vieilles villes du pays. Elle est mentionée dans les *Sagas des Rois* de Snorre en 1128 et, déjà à cette époque, elle était un siège épiscopal. La partie la plus vieille de la cathédrale date de la première moitié du treizième siècle. Centre commercial et ville maritime, elle acquit une importance économique considérable et au siècle dernier, elle progressa plus rapidement que les autres villes du pays. Les romans de Kielland nous décrivent la vie dans les harengeries. Vers les années 1880, lorsque le hareng disparut, elle reçut, économiquement, un très dur coup. L'expansion de l'industrie de la conserverie et plus tard celle des chantiers navals, a fait à nouveau de Stavanger une ville importante au point de vue économique, et il y a quelque chose de sympathique et de symbolique dans l'emplacement de la statue de Kielland. Le monument de ce grand auteur est érigé devant la Maison Bjelland, quartier général de la plus grande conserverie nommée d'après le pionnier de la conserverie norvégienne.

Le nom de Haugesund était déjà connu au temps du roi Harfagre, comme un lieu de mouillage sûr. Mais elle ne devint une ville dans le véritable sens du mot que depuis une centaine d'années. Même en 1837 il n'y avait que 90 habitants et en 1855 seulement 1000. Le Haugesund d'aujourd'hui a une population de 20,000 habitants et une très grande flotte marchande. C'est aussi un centre important pour l'industrie de la pêche et un réseau très étendu de communications locales. La statue de deux pêcheurs robustes sur la place du marché est symbolique de Haugesund – ils cherchent le hareng. Quand la saison bat son plein, plus de vingt mille pêcheurs s'y réunissent.

Bergen avec presque 120,000 habitants était jadis de 1150 à 1300, la cité royale de la Norvège et elle se considère encore aujourd'hui beaucoup plus qu'une grande ville provinciale. Le patriotisme y est considéré beaucoup plus fort que partout ailleurs. Bergen est renommée pour son Festival et sa pluie. Avec une moyenne de deux cents jours de pluie par an, elle est considérée comme la région la plus humide de la Norvège. A ceci on peut ajouter son 'tjuagutt', le gamin des rues de Bergen à la répartie vive et colorée.

Au point de vue architectural, Bergen est une ville vraiment intéressante. Les grandes et larges avenues

Grimstad, with its natural
harbour, exported timber to
England and Holland more than
400 years ago. Today it produces
small craft and pleasure boats,
tinned fruit and vegetables. It
also houses the Ibsen Museum,
where the playwright worked as
a chemist's apprentice in the
late 1840s.

Grâce à son port naturel,
Grimstad exportait le bois en
Angleterre et en Hollande, il y a
plus de 400 ans. Son activité
actuelle se limite à la production
de petites embarcations et de
bateaux de plaisance, et à la
mise en conserves de fruits et de
légumes. On y trouve également
le musée Ibsen où l'auteur a
travaillé comme apprenti-
pharmacien à la fin des années
1840.

Top, another view of Lillesand. *Below*, Mandal is the oldest town on the South coast. Even today the narrow winding main street with the uneven cobble-stones and the lack of pavement, the wooden houses clustered together, and the fine old church give Mandal a somewhat medieval look – 'especially when it rains' says Gabriel Scott, the Norwegian author with the best knowledge of this region.

En haut, une autre vue de Lillesand. *Ci-dessous*, Mandal est la ville la plus ancienne de la côte Sud. Encore aujourd'hui, l'étroite et tortueuse rue principale, sans trottoir, avec ses pavés irréguliers, les pâtés de maisons de bois et la belle église vieillotte, confèrent à Mandal une allure médiévale, 'spécialement sous la pluie' affirme Gabriel Scott, l'auteur norvégien qui connaît si bien cette région.

still intact. This is probably the most interesting old town quarter left in the whole of Northern Europe. The present houses were built after the 1702 fire, but all the rules and regulations in this town of merchants, the titles of property, and all jurisdiction were so intimately connected with the old original method of constructing houses that were part-offices and part-homes, that the link could not be broken without disrupting the whole pattern. Therefore the German merchants who dominated the trade in those days rebuilt the town as a true copy of the old, which was built according to King Magnus Lagabøter's by-law of 1276. Many of the houses have also kept their old historical names, dating from the sagas and from medieval documents.

At the Bergen fish quay, the daily business is carried out in a way that might seem old-fashioned, but it is a better method than any other to preserve the quality of the fish: the fish is taken alive from a tank of water, and can be served at table less than an hour after it has been killed.

Ålesund has grown up round a natural harbour where the fjords of Sunnmøre meet. On the inland side lie agricultural districts, while the town looks out towards the islands, the skerryguard and the fishing banks. Like so many other Norwegian towns, Ålesund has had its great fires–the last in 1904 and still remembered by old people as a dividing point in time. They will speak about things happening before or after The Fire. There is comparatively little industry here, but fishing has created the town, and the fishing fleet is the biggest in the country. From the high cliffs above there is a fine view over the roofs of this long and narrow town, built upon two islands and a number of small islets.

Fire has also been a dominant factor in Trondheim, but that happened further back in time. In 1681 the old settlement was practically obliterated, and it never rose again in its old medieval shape. The town was rebuilt according to a completely new formula, based upon the baroque town plans of France. But at the same time, and in spite of Royal Command, some of the old customs were kept. Therefore one has a network of regular, rectangular blocks, penetrated by narrow, winding alleyways.

Trade between Trondheim and Britain was brisk in the eighteenth century, and the strong economic growth thus created led to a spiritual and cultural flowering. The Royal Scientific Society was established here in 1719. The academic milieu which has formed itself around the state Institute of Technology has a sphere of interest much wider than the school's curriculum suggests.

Trondheim was not only the place where Norwegian kings were crowned, but nearly became the permanent capital of the country. The headquarters

sont construites avec l'idée de limiter les dégâts provoqués par les incendies et ceci a en effet été bien nécessaire, puisque Bergen a régulièrement souffert d'incendies catastrophiques. Lorsque les maisons brûlent et que la tempête se déchaîne, on a vu des flammes jaillir jusqu'à l'autre côté des rues larges de plus de quarante mètres. Malgré tous ces malheurs, une grande partie du célèbre 'brygge'–le débarcadère est restée intacte. C'est probablement le quartier de vieille ville le plus intéressant qui reste dans toute l'Europe du Nord. Les maisons que l'on voit aujourd'hui ont été construites après l'incendie de 1702, mais, toutes les lois et tous les réglements de cette ville de marchands, tous les titres de propriétés, et toute la juridiction demeuraient si étroitement liés à l'ancienne méthode de construire des maisons qui servaient à la fois de foyer et de bureau, qu'on ne pouvait pas rompre ce lien sans disloquer toute la façon de construire. C'est pourquoi les marchands allemands qui dominaient le commerce à cette époque, firent rebâtir la ville exactement comme elle était avant, c'est à dire selon l'arrêté de 1276 du Roi Magnus Lagabøters. Aussi beaucoup de ces maisons ont gardé leurs vieux noms historiques datant des sagas et des documents du moyen âge.

Au marché aux poissons sur le quai de Bergen, le commerce journalier est exercé d'une façon qui pourrait sembler désuète mais néanmoins c'est la meilleure des méthodes pour pouvoir préserver la qualité du poisson : le poisson est mis vivant dans des bassins remplis d'eau et il peut être présenté à table moins d'une heure après avoir été tué.

Ålesund a grandi tout autour d'un port naturel où se rencontrent les fjords de Sunnmøre. Du côté de l'intérieur se situent les régions agricoles tandis que la ville donne sur les îles, le skjaergaard et les pêcheries. Comme tant d'autres villes norvégiennes, Ålesund subit de grands incendies. Le dernier date de 1904 et il est toujours présent dans la mémoire des personnes âgées et sert de référence sur le calendrier; ils parleront toujours de choses arrivées avant ou après l'incendie. Ici il y a relativement peu d'industrie; c'est la pêche qui créa la ville et la flotille de pêche est la plus importante de tout le pays. Des hautes falaises on a une vue magnifique sur les toits de cette longue ville étroite, bâtie sur deux îles et un nombre de petits îlots.

Le feu a été aussi un facteur dominant à Trondheim. En 1681, l'ancienne colonie fut presque entièrement rasée et elle ne fut jamais reconstruite dans son ancien style. Elle fut rebâtie suivant une nouvelle méthode basée sur les plans baroques de villes françaises. Mais en même temps, grâce à l'arrêté royal, quelques-unes des vieilles coutumes furent gardées. C'est pourquoi on a tout un ensemble de pâtés de maisons réguliers et rectangulaires traversés de ruelles tortueuses et étroites.

for the Bank of Norway were here until 1897.

The most precious treasure of Trondheim, and the most fascinating thing to see there, is of course the cathedral, built on the site where the first small wooden church was erected over St Olav's grave. The construction of the cathedral started about 1150, in Anglo-Norman style. The later additions were Gothic, with a screen facade on the west front after the English manner. When the church was finished in 1320, it was the greatest and most awe-inspiring sacred building in the Nordic countries, and people came from far and wide on pilgrimages. It had twenty-eight altars, and ten kings were buried here. The great changes that took place after the Reformation and after several fires, reduced it considerably, but in the last century, thanks among other things to the painter J.C.Dahl, the restoration began, and has continued since. Long and heated discussions have taken place about the various plans for the restoration, but no one has disrupted the cathedral's position as the central Christian sanctuary in Norway.

Bodø, the capital of Nordland county, was built because the Storting so decided in 1816, and was for many years a town on paper only. The real growth did not start until the 1870s. Bodø lies on an open plain, in a very windy position, but has a tremendous view of the surrounding mountains. Over half the population lost their homes during the war in 1940, and the rebuilding has given the town a completely new character.

Narvik is important as the export harbour for Swedish iron ore. It is also famous as the place where the Allies won their first victory – albeit a short-lived one – during the last war. The name Narvik has only been used since 1899; earlier it was called Viktoriahavn, not after the English queen, but after the Norwegian-Swedish crown princess. About ten thousand people live here now, a great number of them connected in one way or another with the ore export.

The small seaport Svolvaer, on Austvågøy, is a centre for the Lofoten fisheries. From the sea, Lofoten looks like a ragged line of Alpine peaks, but there are very large flat areas in between the mountains. The contrast between the steep cliffs and the flat land along the coast can be very dramatic.

The narrow Tromsø sound had been a popular market place for many years when it was resolved, by Royal Command, to build a town. All who were willing to settle here were offered very generous terms, but in spite of this the growth was very slow. It took thirteen years before the population reached a hundred, and more than thirty before it reached a thousand. Around the middle of the last century, foreign trade had a strong upward swing, and Tromsø became an important centre for trade in

Au dix-huitième siècle, le commerce était actif entre Trondheim et la Grande-Bretagne et la forte croissance économique ainsi créée engendra un épanouissement à la fois spirituel et culturel. La société scientifique royale y fut établie en 1719. Le milieu académique qui s'est formé autour de la Haute Ecole polytechnique possède un rayonnement d'intérêt bien plus étendu que celui suggéré par son programme.

Trondheim n'était pas seulement le lieu où les rois norvégiens furent couronnés, mais elle faillit devenir la capitale permanente du pays. Le trésor le plus précieux de Trondheim et la chose la plus fascinante à voir c'est bien sûr la cathédrale qui est bâtie à l'endroit où fut érigée la première petite église en bois au dessus de la tombe de St Olav. La construction de la cathédrale de style anglo-normand fut commencée vers l'an 1150. Les additions ultérieures étaient en style gothique avec sur la façade ouest, un écran à la façon anglaise. Lorsque l'église fut terminée en 1320 elle constituait l'édifice sacré le plus grandiose et le plus magnifique de tous les pays nordiques et de partout les gens y venaient en pèlerinage. Elle avait vingt-huit autels et dix rois y furent enterrés. Les grands changements qui émanèrent de la Réforme, et aussi de plusieurs incendies la réduisirent considérablement mais, au siècle dernier, grâce au peintre J.C.Dahl tout particulièrement , la restauration commença et elle continue toujours. De longues discussions animées ont eu lieu sur les différents projets de restauration, mais personne n'a pu contester le rôle que joue la cathédrale, sanctuaire central de la chrétienté norvégienne.

Bodø, le capitale de la province de Nordland, fut construite parce qu'il en avait été décidé ainsi par le Storting en 1816 mais, pendant plusieurs années elles n'existait que sur papier. Elle ne fut pas érigée avant 1870. Bodø est situé sur une grande plaine, très exposée aux vents mais avec une vue magnifique sur les montagnes environnantes. Pendant la guerre de 1940, plus de la moitié de la population se retrouva sans logis et la reconstruction donna à la ville un caractère nouveau.

Narvik est important en tant que port d'exportation pour le minerai de fer suédois. Cette ville a été rendue célèbre par les Alliés qui y remportèrent leur première victoire, bien qu'assez courte, pendant la dernière guerre. Le nom de Narvik n'est utilisé que depuis 1899; auparavant, elle s'appelait Viktoriahavn, non pas d'après la reine anglaise, mais d'après la princesse héritière suédo-norvégienne. Il y a actuellement environ dix mille habitants, dont la plupart sont engagés dans l'industrie de l'exportation du minerai de fer.

Le petit port de Svolvaer, situé sur l'Austvagøy est un centre pour les usines de pêches des Lofoten. De la

The charming fishing port of
Åna-Sira has only some 300
inhabitants. Stavanger, *below*,
has more than 50,000. But there
is still room in the big towns for
the nice individual touches, such
as the juxtaposition of the
monuments to Stavanger's two
most famous sons — Kielland
and Bjelland.

Le charmant port de pêche
d'Åna-Sira ne compte que 300
habitants. *Ci-dessous*, Stavanger,
malgré ses 50.000 habitants est
parvenue à conserver une pointe
d'originalité comme en témoigne
cette juxtaposition des monuments aux deux fils célèbres de
Stavanger — Kielland et Bjelland.

fish and imported goods. The position of Tromsø is ideal, with breathtaking panoramas in all directions.

Hammerfest was known as the best winter harbour in Finnmark as far back as 1694, but the English traveller Capell Brooke, who visited Hammerfest some years later, wrote that it was so cleverly hidden between the mountains that it was difficult for the ships to find it. North Pole and Arctic expeditions have started from here, and in the old days there was a lively trade with the Russians. As late as 1825, Hammerfest had a population of only 341. This most northerly town in the world was nevertheless the first in Norway to acquire electric street lights, after a fire in 1890.

The rebuilding after the total destruction in the last war has been long finished, in the sense that present housing difficulties are no longer the result of war damage. But what can never be rebuilt is the character Hammerfest – and other places – once possessed, and the history and tradition which was preserved in brick and mortar and wood.

mer, Lofoten ressemble à une ligne ébréchée de cime alpestres mais il y a quand même de larges étendue plates entre les montagnes. Le contraste entre le falaises abruptes et la plaine peut être très dramatique

L'étroit détroit de Tromsø avait été un march populaire depuis bien des années lorsqu'il fut décid par arrêté royal de faire construire une ville. A tou ceux qui étaient prêts à s'y installer, des condition avantageuses furent offertes, mais malgré cela, l croissance resta très lente. Il fallut attendre treize an avant de pouvoir obtenir une population qui at teigne la centaine et plus de trente ans pour en arrive à mille. Vers le milieu du siècle dernier, le commerc avec l'étranger montrait une nette augmentation e Tromsø devint un centre important pour la pêche e les importations. Tromsø jouit également d'un situation idéale, et possède de somptueuses vue panoramiques.

Depuis au moins 1694 Hammerfest était considér comme le meilleur port d'hiver au Finnmark. Ce pendant, le voyageur anglais Capell Brooke qu

Extreme left, the statue of the fishermen in the market place of Haugesund. *Above*, two pictures showing the remarkable wooden warehouses on the old wharf in Bergen, rebuilt in the 18th century but modelled exactly on their medieval predecessors which had been destroyed by fire in 1702.

Extrême gauche, la statue des pêcheurs sur la place du marché de Haugesund. *Ci-dessus*, deux images des remarquables entrepôts en bois sur le vieux quai de Bergen, reconstruits au 18e siècle sur le modèle exact de leurs prédécesseurs médiévaux détruits par l'incendie de 1702.

visita la ville, écrivait que Hammerfest était si habilement dissimulée entre les montagnes, qu'il était difficile pour les navires de la trouver. Les expéditions pour le Pôle Nord et l'Arctique s'embarquèrent à Hammerfest et autrefois elle jouissait d'un commerce actif avec la Russie. Même en 1825, la population d'Hammerfest ne dépassait pas 341 habitants. Néanmoins, cette ville qui est située le plus au Nord dans le monde entier, fut la première en Norvège à faire installer des réverbères électriques après l'incendie de 1890.

La reconstruction après la destruction totale de la dernière guerre a été terminée depuis bien longtemps; ceci pour expliquer que les difficultés actuelles de logements ne sont pas dues aux dommages de la guerre. Mais ce qui est à jamais perdu, c'est ce caractère que possédait Hammerfest et tant d'autres endroits, et aussi, cette histoire, cette tradition préservées dans la brique, le mortier et le bois.

Top, curious geological patterns on a rocky landscape near Bodø. *Below*, the dramatic line of snowy peaks that rise above Svolvaer in the Lofoten islands. *Opposite*, the splendid view from above the town of the roofs, and islands, of Ålesund.

En haut, tracés géologiques curieux sur un paysage rocailleux près de Bodø. *Ci-dessous*, panorama grandiose des cimes enneigées qui surplombent Svolvaer dans les îles Lofoten. *En face*, splendide vue d'en haut d'Ålesund sur les toits et les îles.

Trondheim Cathedral towering
over the warehouses along the
river, and two views of the
handsome bridge at Tromsø.
Tromsø is sometimes called the
'Capital of the Arctic' as it has
often been the starting point for
expeditions to the North Pole.

La cathédrale de Trondheim
dominant les entrepôts le long
de la rivière; et deux aspects de
l'élégant pont de Tromsø.
Tromsø, considérée comme la
capitale de l'Arctique a été le
point de départ d'un bon nombre
d'expéditions au Pôle Nord.

Top left, many people consider Bergen to be one of the most beautiful, and most interesting, towns in Europe. Certainly the architects have succeeded in blending the old and the new in an imaginative way. *Above*, Åndalsnes is an attractive holiday centre at the head of the Romsdalfjord, and the 'Troll' mountains behind afford first-rate rock climbing. *Left*, Hammerfest, the most northerly town in the world, does not in fact suffer the crippling climate that such a qualification suggests. Because of warm westerly winds the average January temperature is little below freezing point, and the port is free of ice.

En haut, à gauche, Bergen que beaucoup considèrent comme l'une des villes les plus intéressantes et les plus belles d'Europe. L'ancien et le nouveau s'y associent avec beaucoup d'imagination et contribuent à cette réussite architecturale. *Ci-dessus*, Åndalsnes à la pointe du Romsdalfjord, est un centre de villégiature attrayant et les montagnes du 'Troll' derrière la ville, offrent des escalades de premier ordre. *A gauche*, la ville située la plus au nord du globe, Hammerfest, ne subit heureusement pas le terrible climat qui lui suggère cette description. Des vents d'ouest très doux maintiennent la température moyenne de janvier autour du point de congélation et les eaux du port ne gèlent pas.

Fisheries
L' Industrie de
la Pêche

AS far back as the Viking Age, dried fish formed a staple article of trade, and some centuries later it was joined by salted fish. Today, dried and salted fish are still important export products, but they have been supplemented by a wide range of other fish products, among them fresh, frozen, and canned fish, and fish-meal. The biggest market for Norwegian dried fish is Africa, but Italy also continues to import great quantities. In addition klipfish and salted fish are exported to Portugal and to the South American countries. The total export value of the Norwegian fisheries in 1969 was 1,782 million kroner – about ten per cent up on the year before. The total quantity landed was 2.2 million tons.

The vast expanse of the North Atlantic bounded by Norway, Svalbard, Greenland and Iceland, is encircled by a belt of banks which shelve upwards to the mainland. In the North Sea there are also fishing banks of various sizes. Of the countries bordering on the North Sea, Denmark, Germany, Holland, England and Scotland abut on these banks, so that the sea bed extending outwards from their coasts takes the form of a fairly level and unbroken plain. None of these countries, except Scotland, has any skerry-guard. Unlike these countries, Norway is separated from the North Sea banks by a deep underwater fjord along the West and South coasts, and the coast itself enjoys the protection of thousands of rocks, islets and islands. While the other countries soon took to fishing out in the North Sea itself, Norwegian fishing followed an entirely different course. All the year round, but especially in the winter months, vast shoals of fish, notably herring and cod, have made their way to the inshore banks and to the coastal waters in search of food and spawning grounds. In consequence the waters off the Norwegian coast afford the richest fishing in Europe. By far the greater part of the fishing is carried out within the territorial limits, and this has led to the establishment of fishing towns and villages all along the coast.

The herring fisheries have for many years been the most important, but it can vary considerably from year to year. The bulk of the winter-herring is sold to herring-oil factories. The Iceland herring fishery covers the months from July to September, and gives an annual yield of between 90,000 and 150,000 tons. The greater part of the catch is salted down. Since 1964, a thriving herring fishery has been developing in the North Sea, Skagerak and Kattegat, mainly due to a change in technique whereby the fishermen have begun to make use of the power block and the purse seine.

The brisling – a small herring, sometimes called the 'Norwegian sardine' – is caught in some of the larger fjords in the south of Norway in summer and autumn.

DEJA pendant l'ère des Vikings le poisson desséché constituait la denrée principale du commerce et quelques siècles plus tard, s'y ajouta le poisson salé. Aujourd'hui poissons desséchés et salé sont toujours des produits d'exportation importants mais ils sont complémentés par une variété de produits de poissons, parmi lesquels se trouve : le poisson frais congelé, conservé et la farine de poisson. Le plus important débouché du poisson norvégien desséché est l'Afrique, mais l'Italie également en importe de grandes quantités. En plus le 'klipfisk' (morue séchée) et le poisson desséché sont exportés au Portugal et vers les pays de l'Amérique du sud. En 1969, la valeur globale des exportations de l'industrie de pêche norvégienne remontait à 1,782 millions de kroner (couronnes) : une augmentation d'à peu près dix pour-cent sur l'année précédente. La prise totale était de 2·2 millions de tonnes.

La vaste étendue de l'Atlantique bordée par la Norvège, le Svalbard, le Groenland et l'Islande, est entourée de bancs s'inclinant vers le continent. Dans la mer du Nord, il y a aussi des zones de pêche d'envergure diverse. Les pays limitrophes de la mer du Nord comme : le Danemark, l'Allemagne, la Hollande, l'Angleterre et l'Ecosse aboutissent à ces bancs d'une telle façon que le fond marin qui s'étend de leurs côtés prend la forme d'une plaine plutôt uniforme et plate. A part l'Ecosse, aucun de ces pays n'a un skjaergaard. Par contre, la Norvège est séparée de ces bancs de la mer du Nord par un profond fjord sous marin longeant les côtes ouest et sud, et la côte elle-même est protégée par des milliers de rochers, d'îlots et d'îles. Tandis que les autres pays commencèrent tôt la pêche au large de la mer du Nord, la pêche norvégienne se développa d'une façon tout à fait différente. Pendant toute l'année mais surtout en hiver, d'immenses bancs de poissons, notamment le hareng et la morue, se dirigent près de la côte en quête de nourriture et de frayère. Par conséquent, les eaux côtières de la Norvège produisent la pêche la plus riche d'Europe. La plus grande partie de la pêche est effectuée dans la limite des eaux territoriales ; c'est pourquoi villes et villages de pêcheurs s'établissent tout le long de la côte.

Depuis un bon nombre d'années la pêche au hareng a été la plus importante mais, d'année en année elle est soumise à des changements considérables. La plus grande partie de la récolte de harengs, en hiver, est vendue aux usines fabriquant l'huile de hareng. En Islande, la pêche au hareng a lieu pendant les mois de juillet à septembre, et rapporte annuellement entre 90.000 et 150.00 tonnes ; la plus grande partie de cette pêche est mise au sel. Depuis 1964, les pêcheries de harengs prospèrent et se développent dans la mer du Nord, le Skagerak et le Kattegat, surtout grâce à un changement de technique : les

Tangled nets and brilliant yellow oilskins for the fishermen of Svolvaer.

Previous page, the first of the catch is hauled in.

Filets emmêlés et cabans d'un jaune éclatant des pêcheurs de Svolvaer.

Page précédente, le début de la prise est embarqué.

Above, the final stages of a herring catch. *Right*, the power block has revolutionized Norwegian fishing, and has also proved a lucrative export.

Ci-dessus, les dernières étapes d'une pêche au hareng. *A droite*, le treuil motorisé a révolutionné la pêche en Norvège et s'avère un produit d'exportation rentable.

The great numbers of cod around the Lofoten Islands were known in the Viking Age, and the Lofoten fishery still occupies an important place in the lives of the fishermen, especially those from Nordland and Troms. The spring-cod fishery in Finnmark ranks as the second most important cod fishery. Since 1960 there has also been a marked increase in catches of cod and other fish in distant waters.

pêcheurs commencent à employer la poulie à moteur et la seine. Le harenguet – petit hareng parfois appelé l'anchois de Norvège – est pêché en été et en automne dans les grands fjords du sud.

Déjà à l'ère Viking, on savait qu'un grand nombre de morues se trouvait autour des Iles Lofoten et la pêche des Lofoten joue toujours un rôle important dans la vie des pêcheurs, surtout pour ceux de Nordland et de Troms. La pêche à la morue du Finnmark qui a lieu au printemps, se place deuxième par son importance. Depuis 1960, il y a eu une sensible augmentation dans les prises de morues et d'autres poissons, en dehors des eaux territoriales.

Fishing boats such as these are
a familiar sight along the coast
of Norway. Their hardest work
is done in the most severe
conditions because the winter
herring fisheries bring the largest
catches.

Vue familière le long de la côte:
es bateaux de pêche. Leur plus
dur travail s'accomplit
inévitablement dans des condi-
ions pénibles puisque l'hiver
est la saison la plus propice à la
pêche au hareng.

The Norwegian fishing fleet of today is highly modernized, and the treatment of the catch has become an industrial process. As a result there has been a drop in the number of fishermen employed. All the same, stock-fish have to be gutted, split open, and hung up to dry.

La flotte de pêche norvégienne est aujourd'hui tout à fait moderne et le traitement des prises s'est industrialisé à tel point que le nombre de pêcheurs a considérablement diminué. Il n'en reste pas moins que le morue doive être ouverte, vidée puis accrochée à sécher.

Nordkapp

Hammerfest

Plain of Finnmark

Tromsø

FINLAND

Narvik

Austvagøy

Lofoten

Bodø

Polar Circle

Trøndelag

Trondheim

Røros

SWEDEN

Alesund

H e d m a r k

Lillehammer

Sogne fjord

Bergen

Oslo

Hardangerfjord

T e l e m a r k

Tønsberg

Haugesund

Sandefjord

Stavanger

J a e r e n

Ana-Sira

Lindesnes

Kristiansand

Appendix
L' Appendice

Geography

Norway is the fifth largest country in Europe. The area is 125,181 sq. miles. In addition under the sovereignty of Norway there are the territories Svalbard (23,958 sq. miles), Jan Mayen (144 sq. miles), Peter I Island and Bouvet Island (119 sq. miles) – both in the Antarctic. The population is 3·8 millions, which is equal to 30 per sq. mile.

The main cities are:
Oslo, with 485,200 inhabitants
Trondheim, with 118,700 inhabitants
Bergen, with 117,500 inhabitants
Stavanger, with 53,00 inhabitants
Kristiansand, with 52,500 inhabitants

Landmarks
The highest waterfall: Mardalsfossen, 974 feet
The highest mountain: Galdhøpiggen, 8,160 feet
The longest fjord: Sognefjorden, 114 miles
The longest river: Glomma, 380 miles
The largest lake: Mjøsa, 141 sq. miles

Geographie

La Norvège est le cinquième plus grand pays d'Europe occupant une superficie de 324.219 km. carrés. De plus, les territoires Svalbard (62.050 km. carrés), Jan Mayen (373 km. carrés) et les deux îles de l'Antarctique, Pierre et Bouvet (308 km. carrés) dépendent de la souveraineté norvégienne.
La population s'élève à 3·8 millions, donc 12 habitants par km. carrée en moyenne.

Villes principales:
Oslo, 485.200 habitants
Trondheim, 118.700 habitants
Bergen, 117.500 habitants
Stavanger, 53.000 habitants
Kristiansand, 52.500 habitants

Jalons
La plus haute chute d'eau: Mardalsfossen, 296 m.
La plus haute montagne: Galdhøpiggen, 2487 m.
Le fjord le plus long: Sognefjorden, 180 km.
La rivière la plus longue: Glomma, 608 km.
Le plus grand lac: Mjøsa, 366 km. carrés.

History

800 –900	The Viking Age. Unification of the country under Harald Hårfagre (Fairhair). Many Norwegians go abroad.
1000	Christianity comes to Norway. Norwegians settle on Greenland and discover America. Fights with the Danes.
1030	King Olav Haraldsson falls in the battle of Stiklestad, and later becomes Norway's national saint.
1066	King Harald Hårdråde falls at Stamford Bridge during his attempt to conquer England.
1274	King Magnus Lawmender proclaims the first codification of the national law.
1313 –1360	The first union with Sweden.
1350	The Black Death (bubonic plague) comes to Norway. Foreign trade is dominated by the Hanseatic merchants.
1380	Union with Denmark.
1468	The Orkney and Shetland Islands are mortgaged to the King of Scotland.
1563 –1570	The Nordic Seven Year War.
1709 –1721	The Great Nordic War.
1807 –1814	War against England and Sweden.
1814	Denmark is forced to cede Norway. The National Assembly adopts the Constitution and agrees to a union with Sweden.
1866 –1873	The first great emigration period – more than 100,000 Norwegians leave Norway. Most of them go to USA.
1884	Parliamentary government introduced.
1898	Universal male suffrage.
1900 –1910	A new great emigration. Nearly 200,000 leave the country, again mainly to USA.

Histoire

800 –900	Période Viking. Unification du pays sous Harold Hårfagre (Cheveux blonds). Beaucoup de Norvégiens partent pour l'étranger.
1000	Etablissement de la Chrétienté en Norvège. Colonisation du Groenland et découverte de l'Amérique. Combats avec les Danois.
1030	Le Roi Olav Haraldsson tombe à la bataille de Stiklestad et deviendra le saint national de la Norvège.
1066	Le Roi Harold Hårdråde tombe à Stamford Bridge, dans une tentative de conquérir l'Angleterre.
1274	Le Roi Magnus Lawmender proclame la première codification de la législation nationale.
1313 –1360	Première union avec la Suède.
1350	La Peste Noire (peste bubonique) envahit la Norvège. Le commerce extérieur est dominé par les marchands de la Ligue Hanséatique.
1380	Union avec le Danemark.
1468	Les îles Shetland et Orkney sont données en gage au roi d'Ecosse.
1563 –1570	La Guerre Nordique de Sept Ans.
1709 –1721	La Grande Guerre Nordique.
1807 –1814	Guerre contre l'Angleterre et la Suède.
1814	Le Danemark doit céder la Norvège. L'Assemblée Nationale adopte la Constitution et accepte une union avec la Suède.
1866 –1873	Première grande période d'émigration – plus de 100.000 Norvégiens quittent leur pays. La majorité se rend aux Etâts-Unis.

1905	The union with Sweden is dissolved. Norway gets her own king – the Danish prince Carl, who took the name Haakon.	1884	Etablissement d'un système gouvernemental parlementaire.
1913	Universale suffrage for women.	1898	Suffrage universel pour les hommes.
1914 –1918	Norway keeps neutral in World War I. Half the merchant fleet is lost. Period of economic depression follows the war.	1900 –1910	Nouvelle période d'émigration en masse. Pres de 200.000 Norvégiens partent encore une fois en direction des Etâts-Unis, pour la plupart.
1935	The Labour Party wins the election and forms the government.	1905	Dissolution de l'union avec la Suède. La Norvège accueille son propre roi – le prince Danois Carl qui choisit le nom Haakon.
1940	Germany attacks Norway, 9 April. The King and Government go to England in order to continue the struggle.		
		1913	Suffrage universel pour les femmes.
1940 –1945	Norway occupied by Germany. About 10,000 Norwegians at home and abroad are killed. The economic losses are estimated at £850 million. The Home Front can muster 40,000 armed men at the end of the war. North Norway liberated by Russian and Norwegian forces during winter 1944–45. 350,000 Germans surrender in May.	1914 –1918	Neutralité de la Norvège dans le Premier Conflit Mondial. Perte de la moitié de la flotte marchande. Après la guerre, période de dépression économique.
		1935	Le Parti Travailliste remporte les élections et forme le gouvernement.
		1940	L'Allemagne attaque la Norvège, le 9 avril. Le Roi et le Gouvernement se rendent en Angleterre et continuent la lutte.
1949	Norway joins NATO.	1940 –1945	Occupation allemande. Environ 10.000 Norvégiens dans leur pays et à l'étranger, sont tués. Pertes économiques evaluées à £850 millions. Le Front National rassemble 40.000 soldats à la fin de la guerre. Les forces Norvégiennes et Russes libèrent le Nord de la Norvège pendant l'hiver 1944–45. 350.000 Allemands se rendent en mai.
1957	King Haakon VII dies and is succeeded by his son, Olav V.		
1959	Norway joins EFTA (European Free Trade Association).		
1965	The non-socialist parties win the election, and form a coalition government.		
1969	Norway applies for membership of the EEC.		
		1949	La Norvège se joint a l'OTAN.
		1957	Mort du Roi Haakon VII et accession au trône de son fils Olav V.
		1959	La Norvège adhère a l'AELE (Association Européenne du Libre Echange).
		1965	Les partis non-socialistes remportent les élections et forment un gouvernement de coalition.
		1969	La Norvège sollicite son adhésion à la CEE.

The Nobel Peace Prize

The Norwegian Nobel Committee is, in conformity with the will of Dr Alfred Nobel, the Swedish industrialist, entrusted with the distribution of one of the five Nobel prizes, the Nobel Peace Prize. The prize is distributed on the anniversary of the death of the founder, the 10th of December. The prizes for the years after 1929 have been awarded as follows:

1929 Frank B. Kellog
1930 Nathan Søderblom, Archbishop of Sweden
1931 Miss Jane Addams and Professor Nicholas Murray Butler
1933 Sir Norman Angell
1934 Rt Hon Arthur Henderson
1935 Carol von Ossietzky
1936 Carlos Saavedra Lamas
1937 Viscount Cecil of Chelwood
1938 The Nansen Office, Geneva
1944 International Committee of the Red Cross, Geneva
1945 Cordell Hull
1946 Emily Green Balch and John Mott
1947 American Friends Service Committee, and Friends Service Council
1949 Lord John Boyd Orr of Brechin
1950 Ralph Bunche
1951 Leon Jouhaux
1952 Albert Schweitzer
1953 George C. Marshall
1955 Office of the United Nations' High Commissioner for Refugees
1957 Lester B. Pearson
1958 Georges Pire
1959 Philip Noel-Baker
1960 Chief Albert Luthuli
1961 Dag Hammarskjøld (posthumous)
1962 Linus Pauling
1963 International Committee of the Red Cross, and League of Red Cross Societies
1964 Martin Luther King
1965 UNICEF
1968 Rene Cassin
1969 International Labour Organization, Geneva

On a number of occasions the prize has not been distributed.

Le Prix Nobel de La Paix

Conformément à la volonté du Dr Alfred Nobel l'industriel suèdois, le Comité Nobel Norvégien es chargé de distribuer l'un des cinq prix Nobel, le Prix Nobel de la Paix. Le prix est attribué à l'anniversaire de la mort de son fondateur, le 10 décembre.

Voici la liste des récipiendaires du prix depuis 1929:

1929 Frank B. Kellog
1930 Nathan Søderblom, Archevèque de Suède
1931 Mademoiselle Jane Addams et le Professeur Nicholas Murray Butler
1933 Sir Norman Angell
1934 Rt Hon Arthur Henderson
1935 Carl von Ossietzky
1936 Carlos Saavedra Lamas
1937 Vicomte Cecil de Chelwood
1938 Le Bureau Nansen, Genève
1944 Le Comité International de la Croix Rouge, Genève
1945 Cordell Hull
1946 Emily Green Balch et John Mott
1947 American Friends Service Committee, et Friends Service Council
1949 Lord John Boyd Orr de Brechin
1950 Ralph Bunche
1951 Leon Jouhaux
1952 Albert Schweitzer
1953 George C. Marshall
1955 Bureau du Haut Commissariat des Nations Unies pour les Réfugiés
1957 Lester B. Pearson
1958 Georges Pire
1959 Philip Noel-Baker
1960 Chef Albert Luthuli
1961 Dag Hammarskjøld (posthume)
1962 Linus Pauling
1963 Le Comité International de la Croix Rouge, et la Ligue des Sociétés de la Croix Rouge.
1964 Martin Luther King
1965 UNICEF
1968 Rene Cassin
1969 L'Office International du Travail, Genève

A diverses reprises, le prix n'a pas été attribué.